동호문답

東湖問答

이 도서의 국립중앙도서관 출판시도서목록(CIP)은
서지정보유통지원시스템 홈페이지(http://seoji.nl.go.kr)와
국가자료공동목록시스템(http://www.nl.go.kr/kolisnet)에서 이용하실 수 있습니다.
(CIP제어번호: CIP2014025604)

동호문답

東湖問答

조선의 군주론,
왕도정치를 말하다

이이 저 | 정재훈 역해

규장각 008
새로 읽는
우리 고전

아카넷

'규장각 고전 총서' 발간에 부쳐

고전은 과거의 텍스트이지만 현재에도 의미 있게 읽힐 수 있는 것을 이른다. 고전이라 하면 사서삼경과 같은 경서, 사기나 한서와 같은 역사서, 노자나 장자, 한비자와 같은 제자서를 떠올린다. 이들은 중국의 고전인 동시에 동아시아의 고전으로 군림하여 수백 수천 년 동안 그 지위를 잃지 않았지만, 때로는 자신을 수양하는 바탕으로, 때로는 입신양명을 위한 과거 공부의 교재로, 때로는 동아시아를 관통하는 글쓰기의 전범으로, 시대와 사람에 따라 그 의미는 동일하지 않았다. 지금은 이들 고전이 주로 세상을 보는 눈을 밝게 하고 마음을 다스리는 방편으로서 읽히니 그 의미가 다시 달라졌다.

그러면 동아시아 공동의 고전이 아닌 우리의 고전은 어떤 것이고 그 가치는 무엇인가? 여기에 대한 답은 쉽지 않다. 중국 중심의 보편적 가치를 지향하던 전통 시대, 동아시아 공동의 고전이 아닌 조선의 고전이 따로 필요하지 않았기에 고전의 권위를 누릴 수 있었던 우리의 책은 많지 않았다. 이 점에서 우리나라에서 고전은 절로 존재하였던 과거형이 아니라 새롭게 찾아 현재적 가치를 부여하면서 그 권위가 형성되는 진행형이라 하겠다.

　서울대학교 규장각한국학연구원은 법고창신의 정신으로 고전을 연구하는 기관이다. 수많은 고서 더미에서 법고창신의 정신을 살릴 수 있는 텍스트를 찾아 현재적 가치를 부여함으로써 새로운 고전을 만들어가는 일을 하여야 한다. 그간 이러한 사명을 잊은 것은 아니지만, 기초적인 연구를 우선할 수밖에 없는 현실로 인하여 우리 고전의 가치를 찾아 새롭게 읽어주는 일을 그다지 많이 하지 못하였다. 이제 이 일을 더 미룰 수 없어 규장각한국학연구원에서는 그간 한국학술사 발전에 큰 기여를 한 대우재단의 도움을 받아 '규장각 새로 읽는 우리 고전 총서'를 기획하였다. 그 핵심은 이러하다.

　현재적 의미가 있다 하더라도 고전은 여전히 과거의 글이다. 현재는 그 글이 만들어진 때와는 완전히 다른 세상이다. 더구나 대부분의 고전은 글 자체도 한문으로 되어 있다. 과거의 글을 현재에 읽힐 수 있도록 하자면 현대어로 번역하는 일은 기본이고, 더 나아가 그 글이 어떠한 의미가 있는지를 꼼꼼하고 친절하게 풀어주어야 한다. 우리 시대 지성

인의 우리 고전에 대한 갈구를 이렇게 접근하고자 한다.

　'규장각 새로 읽는 우리 고전 총서'는 단순한 텍스트의 번역을 넘어 깊이 있는 학술 번역으로 나아가고자 한다. 필자의 개인적 역량에다 학계의 연구 성과를 더하여, 텍스트의 번역과 동시에 해당 주제를 통관하는 하나의 학술사, 혹은 문화사를 지향할 것이다. 이를 통하여 우리의 고전이 동아시아의 고전, 혹은 세계의 고전으로 발돋움할 수 있기를 기대한다.

　　　　　　　　　　　　　　기획위원을 대표하여 이종묵이 쓰다.

차례

조선적인 왕도정치를 위한 지침서

'안식년'과 『동호문답』의 탄생

『동호문답(東湖問答)』은 우리에게 잘 알려진 조선 중기의 유학자 이이(李珥)의 저작이다. 이이는 이황과 함께 조선의 성리학을 상징하는 인물이다. 그러나 막상 '이기일원론(理氣一元論)'이나 '이통기국론(理通氣局論)'과 같은 철학 이론 이외에 그의 사상을 대표할 만한 작품은 쉽게 떠오르지 않는다.

『동호문답』이 이이의 저술이라는 사실을 아는 이도 많지 않다. 설령 안다고 해도 그 내용까지 자세하게 알기는 힘들 것이다. 더구나 이 책의 역사적 의미에 대해 생각해 본 이는 거의 없을 듯하다. 그러나 이 책은 조선 시대를 대표하고, 나아가 우리나라를 대표하는 학자이자 관료의 대표 저술로 역사적 의의가 무척 크다.

이이와 이황을 단순히 성리학자로서만 주목해서는 안 된다. 두 사람은 17세기 이후 조선 사회의 나아갈 방향을 제시한 인물이다. 특히 이이는 그가 제시한 대로 이후 조선 사회가 운영되었다는 점에서 우리는 그를 높이 평가할 수밖에 없다.

조선 시대의 이상 정치는 흔히 '왕도정치(王道政治)'로 표현되었다. 정치의 주체는 국왕이었지만 독단으로 정치를 할 수 없었다. 백성을 위한 정치를 하되, 그 이상적인 형태는 고대 중국에서 유래한 삼대(三代)의 정치를 전범으로 하는 것이었다. 그러나 그러한 이상 정치는 시대와 지역이 다름으로 인해 조선에서 다른 형태의 왕도정치로 실현될 수밖에 없었다. 붕당정치(朋黨政治)는 조선 중·후기에 유행한 왕도정치의 한 형태로, 이전과는 달리 국왕이 정치의 주체이기는 하나 사대부인 신하들의 적극적인 정치 참여가 허용되었다. 이는 일찍이 중국 남송대의 주희(朱熹, 1130~1200)가 추구했던 이상적인 정치 형태였으나 막상 중국에서는 제대로 실현되지 못했다.

그런데 조선에서 이이가 새로운 형태로 제시했던 것이다. 이이는 조선이 건국되고 150년이 지나면서 심각한 체제 위기에 처해 있음을 깨닫고 이런 현실을 타개하고자 치열하게 고민했다. 그는 이대로 조선이 망할 수도 있다는 위기의식에서 새로운 형태의 지배질서를 모색했다. 이전까지 성리학의 담론 가운데 하나였던 왕도정치를 전면적으로 재검토했고, 이에 그 나름대로 개선책을 내놓았다.

동호(東湖)의 독서당(讀書堂)에서 홍문관 교리(校理)로서 왕에게 지어 바친 이 『동호문답』이 바로 개선된 왕도정치에 대한 이이의 첫 번째 응

답이었다. 이이는 왜 동호의 독서당에서 이 책을 지었을까?

동호(東湖)는 '동쪽의 호수'라는 뜻이지만 사실은 한강의 동쪽, 현재 서울 성동구 옥수동과 압구정동 사이를 흐르는 한강을 가리킨다. 강이지만 마치 호수처럼 넓기 때문에 호수라고 한 것이다. 한강의 행주대교 부근을 '행호(杏湖)' 또는 '서호(西湖)'라고 부르는 것과 마찬가지다.

동호에 독서당을 두어 촉망받는 학자관료들이 휴가를 받아 와서 독서와 연구를 할 수 있게 했다. 이러한 제도를 '사가독서제(賜暇讀書制)'라고 하며 세종 8년(1426)에 처음 마련되었다. 하지만 세종 대에는 독서하는 장소를 자택으로 한정했기 때문에 독서에 전념하는 데 한계가 있었다. 그리하여 세종은 진관사(津寬寺)를 독서의 장소로 활용하기도 했다.

그러나 유학자들이 사찰에 머물면서 독서와 연구하는 것을 내켜했을 리 없다. 결국 성종 23년(1492)에 마포에 남호독서당(南湖讀書堂)을 설치했으나 남호독서당은 갑자사화의 여파로 폐쇄되었고, 이후 우여곡절 끝에 중종 12년(1517) 봄에 대사헌 등의 건의를 받아들여 자연 풍광이 뛰어난 두모포(豆毛浦)에 정자를 짓고 동호독서당을 두었던 것이다.

이 동호독서당은 이후 임진왜란으로 불타 없어질 때까지 75년 동안 조선 학문 연구의 주요 산실이 되었다. 이후 독서당이 다시 설치되기는 했으나 그 기능이 위축·정지되기도 했다. 그런 의미에서 동호독서당은 독서당의 역사상 가장 활발한 역할을 하였던 중종에서 선조 시기의 독서당이다.

역대 왕들은 젊고 능력이 출중한 문신, 학자, 관료들을 이곳에 보내어 재충전의 기회를 갖도록 했다. 지금의 안식년 제도와 매우 유사하다. 독서당에 궁중 음식 전담기관인 태관(太官)에서 만든 음식이 끊이지 않고, 임금이 명마(名馬)와 옥으로 장식한 수레, 안장을 하사했음에서 국왕의 관심이 어느 정도였는지를 짐작할 수 있다.

그런가 하면 독서당의 권위를 높이기 위해서 사가(賜暇) 인원을 줄이고 규정을 까다롭게 하기도 했다. 대표적인 예가 1515년(중종 10) 5월에 사가독서원으로 김안국(金安國) 등 열여섯 명을 선발하였으나 엄격한 재심을 거쳐 최종적으로 일곱 명만을 뽑은 것이다. 독서당의 선발 연령은 '연소문신(年少文臣)'을 원칙으로 삼았으나 40세가 넘어서 선발되는 경우도 가끔 있었다. 그리고 대제학은 독서당을 거친 사람이라야 가능하게끔 제도화하기도 했다. 이렇게 독서당은 연구기관으로서 학문적 기능을 뚜렷이 하고 있었으며, 그런 점에서 '옥당(玉堂)'으로 불렸던 집현전이나 홍문관 못지않은 대우를 받았던 기관이라고 평가할 수 있다.

이이가 독서당에 들어간 해는 선조 2년(1569)으로 홍문관 교리로 있을 때다. 그의 나이 서른넷이 되던 해다. 이때를 전후로 기라성 같은 인물들이 독서당에 들어왔다. 명종 18년(1563)에 신응시(辛應時, 1532~1585), 명종 22년(1567)에 구봉령(具鳳齡, 1526~1586), 이해수(李海壽, 1536~1598), 홍성민(洪聖民, 1536~1594), 선조 3년(1570)에 정유일(鄭惟一, 1533~1576), 유성룡(柳成龍, 1542~1607) 등이 모두 이 시기 독서당에서 활동했다. 말하자면 독서당의 전성기였던 셈이다.

이들이 입당(入堂) 사실을 매우 영예롭게 여겼음은 〈독서당계회도(讀書堂契會圖)〉에 이들의 이름이 고스란히 기록되어 있는 것으로도 알 수

작가 미상, 〈독서당계회도(讀書堂契會圖)〉
선조 3년(1570), 57.5cm×102cm, 보물 제867호, 서울대학교박물관 소장.

있다. 이이 역시 이들 중 한 명으로 〈독서당계회도〉에 이름이 올라 있다.

『율곡전서(栗谷全書)』〈연보(年譜)〉에 따르면, 이이가 실제 입당 명을 받은 때는 서른셋 되던 해로 명나라에 사신으로 다녀온 후였다. 그러나 이때 독서당에 들어갔는지 여부는 확실하지 않다. 왜냐하면 그해 11월에 이조좌랑에 제수되었음에도 불구하고 외조모 이씨(李氏)의 와병 소식에 사직소를 올리고 시병을 하기 위해 강릉으로 떠났기 때문이다.

이듬해인 선조 2년 6월에 홍문관 교리에 제수된 이이는 같은 해 9월에 『동호문답』을 지어 올렸다. 이는 독서당에서 사가독서한 사람이라면 누구나 월과(月課)로 지어서 올리는 글에 해당하는 것으로 일종의 '사가독서 보고서'였다. 따라서 이이는 6월에서 9월 사이의 어느 때에 동호독서당에서 독서하며 연구한 것을 발표한 셈이다. 원래 사가독서의 기간은 3개월에서 6개월 사이가 일반적이기는 하나 부서의 사정상 더 짧은 경우도 있었다.

다음은 이이가 독서당에 있을 당시 동호의 아름다움을 노래한 시다.

깊은 밤, 호당에 앉아(湖堂夜次)

호당에서 이슥토록 잠 못 드니	湖堂久不寐
밤기운이 품에 산산하게 스며드는구나	夜氣著人清
나뭇잎 다 떨어지니 가을 가는 줄 알겠고	葉盡知秋老
강물이 훤해져야 달 뜨는 것 보겠네	江明見月生
성근 솔 그림자 탑상에 흔들리고	疎松搖榻影

변방 기러기 소리 내며 모래밭에 앉네 　　　　　塞鴈落沙聲

부끄럽구나 속세의 나그네가 　　　　　　　　自愧紅塵客

물가에 와서도 갓끈을 못 씻는 것이 　　　　　臨流未濯纓

　　　　　　　　　　　　　　　　 ―『율곡전서』권2

   독서당에 와서도 쉽게 잠들지 못하고 사회에 기여할 방법을 찾느라 노심초사할 만큼 이이가 볼 때 조선 사회는 매우 위태로웠다. 잘 알려져 있다시피 갓끈을 씻는 행위는 굴원(屈原)의 〈어부사(漁父辭)〉에 나오는 구절로, 도를 실현할 수 있을 때 세상에 나아가 도를 실천함을 의미한다. 이이가 새로운 시대를 열어나갈 방안을 탐색하느라 고민했다는 것이 이 시에 잘 드러난다. 결국 동호독서당에서의 고민은 이이의 정치사상의 요체를 담은 『동호문답』의 탄생으로 이어졌던 것이다.

새로운 조선의 설계자, 이이

   『동호문답』을 지은 이이를 모르는 사람은 아무도 없을 것이다. 세계에서도 드물게 화폐에 등장하는 학자가 아닌가. 이이는 이황보다 한 세대 늦은 중종 31년(1536)에 출생했다. 조선이 건국된 지 150년이 되어가는 해였다. 조선의 전 시기를 놓고 봤을 때 조선은 개국 이후 일정한 질서를 만들었지만 그 질서는 150여 년이 지나 16세기 중반에 이르러 크게 흔들리고 있었다. 추구하던 질서가 흐트러지면서 조선 사회는 심각한 위기에 직면하게 된다. 후에 사림들이 '중간의 쇠망기[中衰期]'로 표현했던 시기가 바로 이때다. 16세기는 조선 초에 만든 질서의 근간이 해이해지고 와해되면서 이를 바꾸려고 안간힘을 쓰던 시기다. 따라서 사회적 갈등도 적지 않았다. 기존 질서를 대체할 새로운 질서, 새로운 설계를 시도하려는 노력 역시 줄기차게 이어졌다.

훈구와 사림의 대결 같은 정치적 갈등을 넘어 조선 사회 전반에 변화가 일고 있었다. 정치 권력의 교체뿐만 아니라 이전까지의 사회·경제 질서, 사회 구성, 사회 신분의 변화가 이 시기에 이루어진다. 사림은 훈구와의 정치 대결이었던 사화(士禍)에서 계속 패했다. 김종직으로 대표되는 성종대의 사림, 조광조(趙光祖)로 대표되는 중종대의 기묘사림, 그리고 명종 초의 사림은 조선 사회의 이런 변화를 수용하고자 그에 걸맞은 새로운 질서를 모색하였다. 하지만 사화라는 가혹한 현실을 경험한 사림 세력은 당장의 정치를 바꾸기보다는 새로운 사회를 건설할 이념을 찾는 일에 매달렸다. 조선 초기를 지배하던 성리학이 한계에 달하자 새로운 이념을 가지고 조선의 경신(更新)을 시도하고자 한 것이다.

이황 역시 이런 노력을 했던 대표적인 인물이다. 그는 그때까지 체제의 교학으로만 기능하던 성리학을 조선을 이끌 새로운 이념으로 다시 세우려 했다. 그래서 이황의 학문은 16세기 중반 양명학(陽明學)이나 불교(佛教) 등의 이단으로부터 성리학을 분리·정리하여 주자성리학으로 새롭게 방향을 제시한다. 그의 대표 저술인 『성학십도(聖學十圖)』에서 이황의 학문과 정치사상을 한눈에 볼 수 있다. 이황이 제시한 성학(聖學)은 주자성리학을 조선의 현실에 맞게 읽어낸 것으로 주희의 성리학을 그대로 따르기보다 주체적으로 이해했다고 보아야 한다. 따라서 성학이란 이런 당시 상황에서 15세기 성리학과 이단 학문에 대한 대칭 개념으로 우선 군주에게 적용하는 형태로 제시되었다.

이이 역시 이황의 뒤를 이어 당대의 문제를 해결하기 위해 종합적인 개혁안을 제시했다. 이황이 주자성리학으로 방향을 잡으면서 제왕학으로서 성학을 강조하기는 했지만 그의 관심이 주로 교육과 향촌질서의 재건에 있었던 반면, 이이는 정치현실에 보다 적극적이었다. 이이는 『성학집요(聖學輯要)』에서 성학의 개념을 더욱 확실하게 정리했다. 이 책은 기묘사림 이래 사림이 제시한 성리학적 경세론의 결실로, 그 바탕은 역시 『대학연의(大學衍義)』에 두고 있다. 『성학집요』는 조선 중기의 군주학을 집대성하여 조선적인 정치사상의 모범을 제시하였다는 점에서 큰 의의가 있다.

『성학집요』로 대표되는 이이의 정치사상에 따르면, 정치는 임금의 자의(自意)로 하는 것이 아니라 임금과 신하가 함께하는 것이다. 특히 신하의 정치 참여가 중요하다. 이와 같이 이황과 이이가 제시한 제왕학은 구체적으로 당시의 임금인 선조(宣祖)에게 적용할 것을 염두에 두었다. 모두 성리학적 원칙을 공통분모로 하여 임금과 사림의 적극적인 정치 참여, 곧 군신공치(君臣共治)까지 염두에 둔 것이었다. 이는 같은 시기의 중국을 포함하여 동아시아에서 찾아보기 힘든 매우 특이한 정치 형태다.

당시 명나라는 '황제 독재체제'라고 불릴 정도로 황제 1인의 전제정치를 행했고, 신하들의 대표인 재상을 통한 통치, 즉 재상제도 역시 영락제(永樂帝) 때 이미 제도적으로 폐지되었을 정도로 황권이 막강했다. 이렇게 황권이 강력했기 때문에 그 반발로 명말 황종희(黃宗羲, 1610~1695)는 그의 대표 저서인 『명이대방록(明夷待訪錄)』에서 군주제 타파를 주장하기도 했다. 황종희의 이런 주장은 왕조 교체기에 한족의 명나라가 망하는 역사적 상황에 대한 통렬한 반성 위에서 나온 것이었다.

그에 비해 조선에서는 군주제의 문제점을 인식하고 국왕을 성학, 곧 성리학의 세계로 적극적으로 이끌어 애초에 문제가 발생할 조건을 최소화하고자 했다. 황종희가 제시한 군주제 타파에까지 이르지는 못했지만 황종희에 비해 거의 백 년이나 앞서 조선의 현실을 반성하며, 새로운 군주론과 개혁론을 제시하고 이를 실천하여 전개했던 것이다.

이이는 사림이 중앙 정계를 장악하여 적극적으로 정치에 참여하기를 바랐는데, 이때의 신하들은 분열될 수 없는 존재로 파악했다. 그런데 현실에서는 사림 세력이 동인과 서인으로 나뉘어 붕당정치가 나타났다. 처음에 이이는 이들이 모두 같은 사림 세력이므로 어느 한 편에 서지 않고 이들 사이에서 조정에 힘썼다. '붕당의 조정자'로서 이이를 파악할 수 있는 특징이다.

결국 이이는 서인에 참여함으로써 붕당정치를 받아들였고, 이후 서인의 붕당과 학파의 연원이 되었다. 그의 정치사상과 학문은 이후 계승되었고 그를 추종하던 이들은 이른바 조선을 움직인 대표적인 인물이 되었다. 단적인 예로 조선 후기에 문묘에 배향된 이는 모두 이이와 관련된 인물로 조헌·김인후·김장생·김집·송시열·송준길·박세채 등이 이이의 학우이거나 문인, 또는 후학이다.

이이가 이렇게 절대적인 학문적·정치적 영향을 미칠 수 있었던 데는 그의 학문과 실천이 150년간 지속된 조선이라는 나라를 일신할 수 있는 내용을 갖추었기 때문이다. 현재 『율곡전서』에 포함되어 있기는 하지만 『성학집요』·『동호문답』·『격몽요결(擊蒙要訣)』·〈만언봉사(萬言封事)〉 등과 각종 상소는 동시대에 대한 적극적인 개혁안을 담은 것이다.

따라서 그의 저술이나 학문을 서인뿐만 아니라 남인 계열의 실학자들도 주목하게 되었다. 실학의 개척자로 꼽히는 반계(磻溪) 유형원(柳馨遠)은 이이의 경장론(更張論)에서 개혁론의 근거를 찾았고, 성호(星湖) 이익(李瀷) 역시 조선에서 시무(時務)를 알았던 사람으로 이이를 손꼽았다.

실제로 이이가 주장한 바는 조선 후기에 현실화됨으로써 사회에 큰 영향을 미쳤다. 그의 정치사상에서 가장 핵심적인 내용을 담은 『동호문답』과 『성학집요』의 내용은 조선 중기와 후기에 붕당정치가 실현되는 토대가 되었다. 또 성리학에 입각한 왕도정치와 군사론(君師論)은 조선 후기 국왕들에게 하나의 전범이 되었다. 구체적인 개혁책의 하나로 제시된 공납(貢納)의 개혁은 대동법(大同法)으로, 군정(軍政)의 개혁 역시 균역법(均役法)으로 실현되었다. 『동호문답』에 제시된 학교 개혁론이나 노비제 개혁론 역시 조선 사회에 크게 영향을 미쳤다.

이런 점을 고려하면 조선 중기에 '새로운 조선의 설계자' 역할을 한 이가 바로 이이라고 보아도 좋겠다. 중·후기의 조선은 이이의 개혁안에서 새롭게 출발했던 것이다. 우리는 이이에게서 개혁과 통합의 정신을 확인하고, 나아가 시대의 한계를 넘어서려는 혜안을 발견할 수 있다.

16세기 조선 정치사상의 기준서

그렇다면 이이의 저술 가운데서도 가장 핵심이 담긴 책은 무엇일까? 이이는 열셋 이른 나이에 진사시에 합격한 이래 아홉 번 장원을 하며 스물아홉에 문과에 장원 급제했다. 그해에 호조좌랑으로 관직에 나아간 이후 주로 관료 생활을 이어갔기에 많은 저술을 남기지는 못했다.

그럼에도 『명종실록』의 편찬에 참여하고 선조 2년에는 임금에게 『동호문답』을 지어 올렸다. 같은 해 이황은 『성학십도(聖學十圖)』를 지어 올렸다. 이후 마흔 살이었던 선조 8년에 이이는 『성학집요』를 지었고, 선조 10년에 아동 교육서인 『격몽요결(擊蒙要訣)』을, 마흔다섯에 기자의 행적을 정리한 『기자실기(箕子實記)』를 편찬했다. 이 밖에도 어명으로 「인심도심설(人心道心說)」을 지어 바쳤으며 같은 해에 「김시습전(金時習傳)」을 쓰고, 『학교모범(學校模範)』을 지었다. 이 외에도 『경연일기(經筵日記)』와 『사서언해(四書諺解)』가 있다.

많지 않은 저술 가운데 정치와 개혁에 대한 깊이 있는 고민을 담은 책으로 『동호문답』과 『성학집요』를 꼽을 수 있다. 그 가운데서도 정치사상서인 『성학집요』가 그 첫째에 해당하는 책이다.

그런데 『성학집요』는 『동호문답』과 특별한 관계에 있다. 『동호문답』은 주지하다시피 이이가 서른넷 되던 해인 선조 2년(1569) 홍문관 교리로서 동호의 독서당에서 사가독서하면서 지은 것이다. 그에 비해 『성학집요』는 그의 나이 마흔에 제왕(帝王)의 학(學)을 위해 선조에게 지어 바친 책이다. 이 두 저술은 모두 국왕을 대상으로 작성한 것으로 제왕학에 대한 이이의 입장을 담고 있다. 두 저술 사이에는 6년의 간극이 있지만, 이이의 정치사상의 발전 과정을 보여준다는 점에서 매우 큰 의미가 있다.

우선 『동호문답』에 나타난 그의 사상을 살펴보자. 『동호문답』은 〈논군도(論君道)〉·〈논신도(論臣道)〉·〈논군신상득지난(論君臣相得之難)〉·〈논동방도학불행(論東方道學不行)〉·〈논아조고도불복(論我朝古道不復)〉·〈논당금지세(論當今之勢)〉·〈논무실위수기지요(論務實爲修己之要)〉·〈논변간위용현지요(論辨姦爲用賢之要)〉·〈논안민지술(論安民之術)〉·〈논교인지술(論敎人之術)〉·〈논정명위치도지본(論正名爲治道之本)〉 등 모두 11편으로 되어 있다.

이 11편이 모두 정치에 대해 논하고 있지만, 그 내용을 기준으로 분류하면 크게 4부로 나눌 수 있다. 즉 제1부는 정치의 주체, 제2부는 정치의 기준과 조선의 현실, 제3부는 정치의 방법과 실천이다. 결론격인 제4부는 정치의 주체인 군주와 신하, 보편적인 정치의 기준과 그것이 조선에 적용된 현실과 문제점, 또 그것을 개선하기 위한 구체적인 방안 및 이름을 올바르게 하는 것이 정치의 근본이라는 입장으로 구성되어 있다.

이와 같이 『동호문답』은 정치를 하는 데에 필요한 원칙부터 해결 방법까지를 일목요연하게 제시했다는 점에서 다른 어떤 글보다도 논리적이고 완결성이 높다고 할 수 있다. 흔히 『동호문답』에서 군주론이 강조된 점을 지적하기도 한다. 그러나 전근대 조선 정치의 주체인 임금의 위상을 감안하면, 군주에 관한 언급이 많을 수밖에 없다.

제1부 '정치의 주체인 임금과 신하, 그 만나기의 어려움'에 대해서는 〈논군도〉·〈논신도〉·〈논군신상득지난〉에서 다룬다. 세 항목에서 임금의 도를 가장 먼저 논하는 데서도 알 수 있듯이 군주의 중요성을 전제로 군신 간의 정치에 대해서 상세하게 논하고 있다.

제2부 '정치의 기준과 조선의 현실'에 대해 〈논동방도학불행〉·〈논아조고도불복〉·〈논당금지세〉의 세 항목으로 나누어 살피고 있다. 앞서 1부에서 정치의 주체인 임금과 신하의 도리를 각각 살피고 임금과 신하가 서로 만나기 어려움을 구체적인 사례를 통해서 고찰했다면, 2부에서는 그러한 보편론이 동방(東方), 곧 조선에서 적용되지 않은 이유를 검토하는 것으로 시작한다. 구체적으로 정치의 기준인 도학이 조선에서 실현되지 못한 이유를 조선 초의 문종(文宗)에서부터 중종(中宗)·인종(仁宗)·명종(明宗)의 사례를 들어 설명하고 이것이 당대의 임금인 선조에 이르고 있음을 지적한다. 그리고 당대에 대해서는 아주 상세하게 시세(時勢)를 분석한다.

제3부에서는 '정치의 방법과 실천'에 대해 〈논무실위수기지요〉·〈논변간위용현지요〉·〈논안민지술〉·〈논교인지술〉로 나누어 살피고 있다. 이 네 항목은 다시 앞의 두 항목과 뒤의 두 항목으로 나눌 수 있다. 앞의 두 항목에서는 수기치인(修己治人)의 유교적 원리에 입각하여 자신을 닦는[修己] 핵심은 실질에 힘쓰는 무실(務實)과, 사람을 다스리는[治人] 것이 곧 현인을 등용하는[用賢] 것과 같고, 거기에서 핵심은 간사한 자를 분별하는 것이라고 보았다. 즉 수기의 핵심은 무실이고, 용현의 핵심은 변간(辨奸)이므로 무실과 변간이 수기치인의 원리가 된다.

『동호문답』에서 수기치인의 핵심으로 삼은 '무실'과 '변간'은 이후『성학집요』에서 보다 정교하면서도 풍부한 내용을 가미하여 확대 발전된다. 그러나 그 핵심은 이미『동호문답』에서 제시했다는 점에서 이 책이 이이의 정치사상을 대변한다고 할 수 있을 것이다.

뒤의 두 항목에서는 백성을 편안하게 다스리는 방법과 사람을 가르치는 방법을 논하였다. 주목할 점은 먼저 백성을 가르쳐서 편안하게 해야 한다는 것이다. 즉 가르침이 백성의 안정보다 앞서지 않고 오히려 백성을 안정시키는 것, 즉 민생(民生)을 우선했다는 점이다. 이러한 원리에서 지배층과 분리된 피지배층을 설정했다는 한계는 있지만 백성에게 무엇을 우선해야 하는지를 분명하게 보여준다.

마지막으로 제4부 결론에서는 '이름을 올바르게 하는 것이 정치의 근본'이라고 〈논정명위치도지본〉의 항목으로 논하고 있다. 이는 공자가 말한 정치의 근본이 곧 '이름을 바르게 하는 것[正名]'이라는 유교의 고전적인 정치사상을 결론으로 삼은 것이다.

16세기 중반에 제시된 이이의 정치사상을 특히 군주론에 국한하여 살펴보면 이전의 지배적인 사상과는 크게 다른 측면이 있다. 『동호문답』에서 이이는 임금의 존재를 규정하지 않았다. 대신 임금과 신하의 도(道)를 정의하면서 임금이 직접 통치하기보다 신하와의 관계를 어떻게 하느냐를 임금을 평가하는 기준으로 제시했다. 신하 역시 임금을 어떻게 섬기는가가 평가 기준이었다. 이것은 군주제가 갖는 세습의 문제에 대해 신하의 보필을 문제 해결의 방편으로 제시한 것이다.

그런데 거의 한 세기 뒤인 명나라 말기 황종희의 정치사상이 백 년

전 이이의 정치사상과 비교될 수 있음에 주목해 보자. 특히 황종희가 명나라가 망한 것에 대해 치열하게 반성했음을 고려할 때 이미 한참 전에 조선에서 그와 비슷한 반성에 입각하여 새로운 군주론이 제시되었음은 매우 주목할 만한 대목이다.

이이의 정치사상을 황종희와 비교해 본다면 민(民)을 전제하는 측면에서 이이가 철저하지 못한 한계를 보이는 것도 사실이다. 황종희가 군주는 만백성을 위한 존재일 뿐, 천하의 주인은 백성이고 군주는 손님이라고 명확하게 전제했지만 이이는 이를 제시하지 않았다. 그러나 이이는 그러한 전제 없이도 임금에 대한 규정, 신하들과의 관계를 통해 황종희가 제시한 것과 거의 동일한 군주관(君主觀)을 보여주었던 것이다. 황종희는 군주관만이 아니라 사회개혁과 관련해서도 조세의 폐(弊), 일조편법(一條鞭法)의 폐, 이서(吏胥)의 시폐(時弊), 환관(宦官)의 폐 등을 지적하고 고칠 것을 주장했다. 이이 역시 당시의 사회 문제에 대해 『동호문답』의 〈논안민지술〉에서 일족절린(一族切隣)의 폐단, 진상(進上)이 많고 무거운 폐단, 공물(貢物) 방납(防納)의 폐단, 역사(役事)가 균등하지 못한 폐단, 이서의 주구(誅求) 폐단 등을 지적하고 이에 대한 해결책을 제시했다.

이와 같이 황종희보다 거의 백 년 앞서서 이이가 조선의 현실을 반성하고 새로운 군주론과 개혁론을 제시하였으며 이를 실천하고 전개하였기 때문에, 그 토대 위에서 결국 조선이 망하지 않고 일신하여 이후 이삼백 년을 지탱할 수 있었던 것은 아닌지 조심스럽게 설정해 본다.

동호문답東湖問答

기사ㄹㅌ○월과月課[1]

01

임금의 도리

동호의 손님이 주인에게 물었다.

"옛날이나 지금이나 다스려지거나 어지러워짐이 없을 수 없는데, 어떻게 하면 다스려지고 어떻게 하면 어지러워집니까?"

주인이 대답했다.

"다스려지는 경우가 두 가지이고, 어지러워지는 경우가 두 가지입니다."

손님이 물었다.

"무엇을 말하는 것입니까?"

주인이 대답했다.

"임금의 재주와 지혜가 남보다 뛰어나서[1] 호걸을 부린다면 다스려질 것이고, 재주는 비록 부족하여도 어진 자에게 맡긴다면 다스려질 것입니다. 이것이 다스려지는 두 가지 경우입니다. 임금이 스스로 총명함을 과신해서 신하들을 믿지 않는다면 어지러워질 것이고, 간사하고 아첨하는 자를 치우쳐 믿어 눈과 귀가 가려진다면 어지러워질 것입니다. 이 것이 어지러워지는 두 가지 경우입니다.

다스려지는 데에 두 가지 경우가 있다고 했는데, 그 다스려지는 원리에도 두 가지가 있습니다. 몸소 인의의 도를 행하고 남에게 차마 하지 못하는 정치를 행하여[2] 그 천리의 바름을 지극히 하는 것이 왕도(王道)[3]요, 인의라는 이름만 빌리고 권모술수의 정치를 행하여 그 공명과 이욕의 사사로움을 이루는 것이 패도(覇道)[4]입니다.

어지러워지는 데에 두 가지 경우가 있다고 했는데, 어지러워지는 원리에는 세 가지 경우가 있습니다. 욕심이 마음을 어지럽히고 유혹이 밖에서 공격하여, 백성의 힘을 고갈시켜서 자기 한 몸만을 받들고 충언을 물리치며 자신을 성스럽게 여겨서 스스로 멸망에 이르는 경우는 폭군(暴君)입니다. 잘 다스려보겠다는 뜻은 있으나 간사함을 분별할 총명함이 없으며, 믿는 사람이 어질지 않고 맡은 사람이 재주가 없어서 패란(敗亂)에 점점 빠지는 경우는 혼군(昏君)입니다. 나약하여 뜻을 세울 수 없고 우유부단하여 정치를 펴지 못하고 옛것을 답습하여 날로 쇠해 작아지는 경우는 용군(庸君)입니다."

손님이 물었다.

"선생 말이 맞습니다. 옛 사람 가운데 그런 경우가 있습니까?"

주인이 대답했다.

"옛날에 오제삼왕[5]은 총명하고 슬기로운 자질을 가지고 천명을 받아 군사(君師)가 되었는데, 백성을 잘 다스려 다툼이 없도록 하였고, 잘 길러서 부유하게 하였고, 잘 가르쳐 보편적인 인륜[彛倫]이 밝혀지도록 했습니다. 일곱 별[七曜][6]이 하늘의 궤도를 따르고 다섯 가지 징조[五徵][7]가 때맞춰 나타나니 천지가 제자리를 잡고 사람의 도리가 세워졌습니다. 이것이 이른바 재능과 지혜가 뛰어나 왕도를 행한 경우입니다.

상나라 태갑[8]과 주나라 성왕[9]은 자질이 삼왕오제에 미치지는 못합니다. 만약 훌륭한 신하의 보좌가 아니면 전형(典刑)[10]이 전복되는 것을 누가 막았겠습니까. 헐뜯는 사람들이 반드시 난리를 일으켰을 것입니다. 그러나 태갑은 이윤에게 맡겼고 성왕은 주공에게 맡겨 덕을 진전시키고 학업을 닦아 큰 공을 이루었습니다. 이것이 이른바 현명한 자에게 맡겨서 왕도를 행한 경우입니다.

진 문공[11]은 한 번의 전쟁으로 패업을 이루었고 진 도공[12]은 세 번 출정하여 초나라를 정복했습니다. 한 고조[13]는 5년 만에 황제의 위업을 이루었고 문제[14]는 현묵(玄黙)[15]의 정치로 형벌을 쓰지 않게 되었습니다. 당 태종[16]은 대업을 이루어 태평을 이루었고 송 태조[17]는 오대[五季][18]를 이었으나 참람한 난리를 평정했습니다. 이러한 여러 임금은 난리를 평정하는 데 재주가 충분하고 사람을 쓰는 데 지혜가 충분하였습니다. 다만 아쉬운 것은 몸소 행하고 마음을 깨쳐 선왕의 도를 회복할 수 없었던 점이니, 백성을 부유하게 하였지만 교화하였다는 말은 듣지 못하였습니다. 이것이 이른바 재주와 지혜는 뛰어났으나 패도를 행하는 경우입니다.

제 환공[19]은 음악과 여색이 귀와 눈에서 끊이지 않았고 한의 소열[20]은 (전쟁을 하느라 바빠서) 허벅지 살이 말안장 위에서 여위었습니다. 만일 현명하고 지혜로운 선비가 보좌하지 않았더라면 환공은 어진 군주가 되지 못했을 것이고 소열 역시 작은 땅조차 갖기 어려웠을 것입니다. 그러나 환공은 관중[21]을 쓸 줄 알았고 소열은 제갈량[22]을 쓸 줄 알았으니, 환공은 제후를 규합해 어지러운 천하를 바로잡고 소열은 한중과 서천 땅을 점령하여 한나라의 제위를 이었습니다. 다만 아쉬운 것은 관중이 성현의 도를 알지 못하고 제갈량은 신불해(申不害)와 한비자(韓非子)가 주장한 엄한 형벌(刑罰)로 나라를 다스리는 습성[申韓之習][23]을 벗어나지 못하여서, 공적이 여기에 그쳤을 뿐입니다. 이것이 이른바 현명한 자를 등용하였으나 패도를 행한 경우입니다."

손님이 물었다.

"난세를 만든 군주에 관해서도 들을 수 있겠습니까?"

주인이 대답했다.

"하나라의 걸왕[24]과 상나라의 주왕[25], 주나라의 여왕[26], 수나라의 양제[27] 등은 재주가 부족하지는 않았으나 그것을 좋지 않은 데 썼고, 지혜가 없지는 않았으나 그것을 간언을 막는 데 썼습니다. 멋대로 폭군의 위세를 부려 천하의 힘을 다 쓰게 하였으니, 하늘이 노하고 백성이 원망하여 끝내는 백성에게 죽임을 당했습니다. 이것이 폭군이 스스로의 총명을 과신한 경우입니다.

진나라의 이세[28]는 조고[29]의 간사함을 믿었다가 6국의 군대를 움직이게 했고, 한나라의 환제[30]는 환관의 참소를 믿어 천하의 현인들을 관직에 진출시키지 않았습니다. 이 두 임금의 경우는 현인을 쓰고 사악함을 물리치고자 하지 않은 것이 아니나 지혜가 부족한 데다 탐욕과 잔혹함이 심하여 간악한 신하가 그 술수를 부릴 수 있게 했습니다. 이것은 폭군이 간사하고 아첨하는 자들만 편애한 경우입니다.

당나라 덕종[31]은 시기하고 의심하며 꺼리는 것이 많아서, 어질고 현명한 사람을 등용하지 않고 스스로 권력을 휘두르는 데 힘썼습니다. 총명함에는 한계가 있다는 것을 깨닫지 못해서 위급할 때는 충언을 받아들이다가도 평안할 때는 곧 곧은 선비들을 돌려보냈습니다. 그 틈을 타서 소인들이 번번이 임금의 뜻을 맞추었습니다. 이것은 혼군이 스스로 총명을 과신한 경우입니다.

송나라 신종[32]은 크게 다스릴 뜻을 일으켜 삼대의 훌륭한 정치를 회복하고자 했으나, 왕안석[33]에게 마음이 기울어 그의 말과 계책을 썼습니다. 재물과 이익을 인의로 여기고 형법을 경전으로 여기니, 사악한 무리가 뜻을 얻고 현인들은 자취를 감추어 백성들에게 해독이 미쳐 전쟁이 일어나게 되었습니다. 이것은 혼군이 간사하고 아첨하는 자들만 편애한 경우입니다.

주나라 난왕[34], 한나라 원제[35], 당나라 희종[36], 송나라 영종[37] 같은 이들은 무기력하고 경박하고 게을러서 구차하게 세월만 보냈습니다. 단 하나의 잘못된 정치도 개혁하지 못하고 단 하나의 선정도 시행하지 못하고 팔짱을 끼고 입을 다물고 앉아서 망하기를 기다렸습니다. 이들은 모두 평범한 용군입니다."

손님이 물었다.

"당나라 덕종과 송나라 신종은 모두 강단이 있어 자립한 임금인데 선생은 어찌하여 혼군이라 하십니까?"

주인이 대답했다.

"임금의 밝음은 바른 견해에 있지 자세히 보고 듣는 것에 있지 않습니다. 저 두 임금은 비록 사리에 어둡거나 약하지는 않으나 사악함과 바름을 구분할 줄 모르고, 인사가 거꾸로 되었으니 어찌 혼군이 아니라고 할 수 있겠습니까?"

✿

제1부 '정치의 주체인 임금과 신하, 그 만나기의 어려움'의 첫 번째 장에 해당하는 〈논군도〉는 임금의 도를 논하는 내용으로, 임금의 자질을 상세하게 설명했다. 이이는 먼저 세상을 다스림과 어지러움으로 구별하였는데, 이때 다스려지고[治世] 다스려지지 않고는 임금에게 달렸다고 보았다.

임금의 재주와 지혜가 남보다 뛰어나 호걸을 부리거나, 재주는 비록 부족하여도 어진 자에게 맡기면 다스려진다고 보았다. 반대로 어지러워지는 경우[亂世]는 임금이 스스로 총명함을 과신해서 신하를 믿지 않거나, 간사하고 아첨하는 사람을 믿어 눈과 귀가 막히면 어지러워진다고 보았다. 두 경우 모두 군주의 직접 통치에 대한 지적보다는 신하와의 관계를 군주 통치의 기준으로 두고 있는 점이 특징적이다.

나아가 다스려지는 원리를 왕도(王道)와 패도(覇道)로 나누어 설명했다. 왕도는 몸소 인의(仁義)의 도를 행하고 남에게 차마 하지 못하는 정치를 행하여 그 천리의 바름을 지극히 하는 것이며, 패도는 인의의 이름만 빌려 권모술수의 정치를 행하여 공명(公明)과 이욕(利慾)의 사사로움을 이루는 것이다.

또 어지러워지는 원리 역시 폭군(暴君)·혼군(昏君)·용군(庸君)으로 나누어 설명하였다. 많은 욕심이 중심을 어지럽히고 많은 감응(感應)이 밖에서 공격하며, 백성의 힘을 고갈시켜 스스로를 받들고, 충언을 물리쳐서 스스로를 성스럽게 여겨 멸망에 이르는 임금은 폭군(暴君: 사나운 임금)으로 보았다. 다스림을 구하는 뜻은 있으나 간사함을 분별하는 밝음은 없으며, 믿는 사람이 어진 사람이 아니고 맡은 사람이 재주 있는 사람이 아니어서 점점 패란(敗亂)에 빠지는 임금은 혼군(昏君: 사리에 어두운 임금)으로 파악하였다. 마지막으로 나약하여 뜻을 세울 수 없고 우유부단하여 정치를 펴지 못하고 옛것을 답습하여 날로 쇠해 작아지는 임금을 용군(庸君: 용렬한 임금)으로 보았다. 이어 각각에 해당하는 사례를 들었다.

이상에서 보듯이 임금과 신하는 전근대 조선의 정치 주체였다. 문제는 이렇게 임금의 도리를 먼저 거론하며 대상화하였다는 점이다. 이것은 얼핏 군주의 권한을 앞서 상정함으로써 군주권을 가장 중요한 요소로 파악한 것으로 이해될 수 있다.

그러나 이이가 군도를 거론한 속내는 오히려 이와는 반대일 가능성이 크다. 왜냐하면 신하에 의해 임금의 도리가 거론되는 것 자체가 군주권이 그만큼 상대화의 대상이 되었음을 의미하기 때문이다. 거론조차 하기 어려운 절대 군주권, 임금의 도리에서 내려와서 평가되고 재단될 수 있는 영역 안으로 임금의 도리가 들어왔음을 의미한다.

유학에서 군도를 논하기는 했지만 이는 대체로 이제삼왕(二帝三王)과 같이 이상적인 임금을 막연하게 언급하는 경우가 많았다. 이러한 군도에 대해 보다 적극적으로 언급하기 시작한 것은 중국 송나라 때부터다. 즉 북송대에 와서야 이전까지 절대적인 황제권의 부속적인 존재로서가 아니라 황제와 '더불어' 정치하는 사대부가 등장했기 때문이다.

이들 사대부가 정치에 참여하기 위해서는 자신들의 정치 참여를 정당화할 필요가 있었다. 그 때문에 절대 권력자인 황제, 곧 군도를 이론화하고, 그 안에서 자신들이 정치에 참여하는 명분을 확보했다. 북송대의 사대부는 정치의 주체가 되면서 "지식인은 천하 사람들이 근심하기 전에 근심하고, 천하 사람들이 즐거워한 다음에 즐거워해야 한다(先天下之憂而憂, 後天下之樂而樂)"는 범중엄(范仲淹, 989~1052)의 주장을 자신들의 신조로 삼았다. 이들은 사회경제적으로는 지주적 기반을 가지면서 향촌 사회에 근거를 두고, 중앙의 정치 무대에서 황제와 더불어 정치에 참여하려고 했다. 주자의 재상 중심의 정치 제도 역시 세습되는 절대 권력이 갖는 문제점을 보완하려는 것으로, 학문을 기초로 하여 풍부한 행정 경험을 쌓은 재상이 절대 권력자인 황제를 보좌하는 것이다.

남송에 이르러 주자의 재전제자(再傳弟子)로서 주자학자였던 진덕수(眞德秀, 1178~1235)는 『대학연의』를 지어 제왕학을 제시했다. 이 책은 주자성리학이 경세적(經世的) 방면에서 이룬 성취 가운데 『의례경전통해(儀禮經傳通解)』와 함께 주목되는 저술로서 역대 제왕의 사례를 『대학』의 순서인 격물치지·성의정심·수신·제가의 차례대로 들어 제왕학의 지침을 제시했다. 이 책에서 제왕에게 끊임없이 일심(一心)을 닦을 것을 요구하였는데, 이것은 성리학이 제시하는 제왕학의 핵심에 해당한다.

그러나 『대학연의』에는 제왕에게 성리학적 수양을 요구하는 측면만 있었던 것이 아니다. '간신(姦臣)'의 천권(擅權: 맘대로 함)과 군주의 어신지병(馭臣之柄: 신하를 부리는 권한)을 논한 대목은 주희의 『자치통감강목(資治通鑑綱目)』과는 달리 군주에 대한 도덕적 훈계 이상의 군주 주도적인 현실적 통치술을 논하고 있다. 한의 광무제(光武帝)나 당의 태종(太宗)에 대해서도 높은 평가를 하는 등 제왕을 높이는 요소도 적지 않다. 한마디로 남송의 진덕수는 성리학에 입각한 제왕상을 제시하면서도 황제 고유의 절대 권한을 존중하는 형태로 타협했던 것이다.

원나라에 접어들면서 황제의 절대 권한이 되살아나기도 했다. 원나라는 체제를 이끄는 교학(敎學)으로 성리학을 받아들였지만 황제의 절대 권력은 침해하지 않는 선에서 이를 수용하였던 것이다. 원나라의 최고 법전이었던 『경세대전(經世大典)』은 황제와 관련된 내용을 맨 앞에 두고, 이후 이호예병형공의 육전(六典) 체제를 결합하는 방식으로 돼 있다.

이것은 조선에 영향을 미쳤고, 정도전(鄭道傳)은 『조선경국전(朝鮮經國典)』에서 총재(冢宰)를 중심으로 한 육전 체제를 한 축으로 삼으면서 국왕과 관련된 부분을 앞에서 논했다. 이처럼 그 기본적인 구조는 매우 비슷하다. 그러다가 『경국대전(經國大典)』에서는 국왕과 관련된 부분이 생략된 채 육전 체제로 법전을 구성하기도 하였다.

이와 같은 변화를 염두에 두면 최고 권력자인 황제나 임금, 곧 군주의 도에 대한 규정은 쉽게 정의 내릴 수 있는 것이 아니었고, 더구나 현실에서 이를 규정하기는 더욱 어려운 일이었다. 황제의 독재 권력이 더욱 강해진 명나라는 성리학을 총정리한 『성리대전(性理大全)』에서 '군도(君道)' 항목을 만들어 기술하기는 했다. 하지만 여기서는 군주 주도의 성격을 분명하게 하여 신하에게 권위와 권력을 빼앗기지 않는 것이 옳고 제왕의 학문은 일반 사대부의 학문과는 다르다는 점을 강조하여 제왕의 절대 권력이 중요함을 분명히 했다. 이런 점을 고려해 본다면 임금의 도에 대한 자세한 탐구는 중국에서도 쉽게 볼 수 없던 새로운 현상이었다고 할 수 있겠다.

論君道

東湖之客, 問於主人曰:"無古今無治亂, 若何而治, 若何而亂?"主人曰:"所治二, 所亂二。"客曰:"何謂也?"主人曰:"人君才智出類, 駕馭豪傑則治, 才雖不足, 能任賢者則治: 此其所治者二也。人君自恃聰明, 不信羣下則亂, 偏信姦諛, 壅蔽耳目則亂: 此其所亂者二也。所治二, 而其所以治之之道有二: 躬行仁義之道, 以施不忍人之政, 極夫天理之正者, 王道也; 假借仁義之名, 以施權謀之政, 濟夫功利之私者, 霸道也。所亂二, 而其所以亂之之事有三: 多慾撓其中, 衆感攻于外, 竭民力以自奉, 斥忠言以自聖, 自底滅亡者, 暴君也。有求治之志, 無辨姦之明, 所信非賢, 所任非才, 馴致敗亂者, 昏君也。懦弱而志不立, 優游而政不振, 因循姑息, 日就衰微者, 庸君也。"客曰:"子言則然矣。古之人, 有行之者乎?"主人曰:"有昔者五帝·三王, 以聰明睿智之資, 受天命而爲君師, 治之而息其爭奪; 養之而致其富庶; 敎之而敍其彝倫, 七曜順度·五徵時若, 天地以位, 人極以立。此所謂才智出類而行王道者也。商 太甲·周 成王, 資質不及於三·五, 若非聖臣篤棐, 則典刑誰救顛覆? 讒人終必交亂。然而太甲能任伊尹; 成王能任周公, 進德修業, 克紹丕緒。此所謂能任賢者而行王道者也。晉 文公一戰而定霸; 晉 悼公三駕而服楚; 漢 高祖五年而成帝業, 文帝玄默而致刑錯; 唐 太宗定大業而致太平; 宋 太祖承五季而平僭亂。斯數君者, 才足以靖亂, 智足以用人。獨恨夫不能躬行心得, 以復先王之道, 富庶則有之, 敎則無聞。此所謂才智出類而行霸道者也。齊 桓公聲色不絕乎耳目, 漢 昭烈髀肉空銷於鞍馬, 使無賢智之士爲之輔佐, 則桓公不得爲令主, 昭烈難有其尺地。然而桓公能用管仲, 昭烈能用諸葛亮, 或糾合諸侯, 以成一匡之功, 或跨有漢·川, 以綿赤帝之祚。獨恨夫管仲不知聖賢之道, 孔明未免申·韓之習, 功烈止此而已。此所謂能任賢者而行霸道者也。"客曰:"致亂之君, 亦可聞乎?"主人曰:"夏 桀·商 紂, 周 厲·隋 煬之徒, 非弱於才而用之於不善; 非無其智而用之於拒諫, 逞獨夫之威, 窮四海之力, 天怒民怨, 卒爲大戮。此暴君之自恃聰明者也。秦二世信趙高之姦, 動六國之兵, 漢 桓帝信宦寺之讒, 錮天下之賢。斯二君者, 非不欲用賢去邪, 而明智不足, 貪酷有餘, 使逢惡之臣, 得售其術。此暴君之偏信姦諛者也。唐 德宗猜疑多忌, 不任仁賢, 務欲自攬權綱, 不悟聰明有限。危急則勉納忠言, 平安則還疎正士, 小人乘隙, 輒中其欲。此昏君之自恃聰明者也。宋 神宗大奮有爲之志, 期復三代之治, 傾心安石, 言聽計用, 以財利爲仁義, 以法律爲詩書。衆邪得志, 羣賢屏迹, 流毒生民, 以啓戎馬。此昏君之偏信姦諛者也。周 赧王·漢 元帝·唐 僖宗·宋 寧宗之徒, 委靡偸惰, 苟度歲月, 不能革一弊政·行一善策, 束手緘口, 坐待其亡。此皆碌碌之庸君也。"客曰:"唐 德宗·宋 神宗, 皆剛斷自立之君, 而子以爲昏君, 何耶?"主人曰:"人君之明, 在於正見, 不在於聰察。彼二君者, 雖非闇弱, 而昧於邪正, 擧錯顚倒, 則烏可謂之非昏耶?"

02

신하의 도리

손님이 물었다.

"선비라면 세상에 나서 경세제민(經世濟民)¹에 마음을 두지 않는 사람이 없는데, (그렇다면) 마땅히 마음가짐이 모두 같아야 하는데 어떤 사람은 나아가 겸선(兼善)²하고 어떤 사람은 물러나서 자수(自守)³하니 무슨 까닭입니까?"

주인이 대답했다.

"겸선은 진실로 선비가 지향하는 바입니다. 물러나서 자수하는 것이 어찌 본심이겠습니까? 마땅한 때를 만나거나 만나지 못하는 경우가 있을 뿐입니다.

나아가 겸선하는 것에는 세 등급이 있습니다. 도와 덕을 몸에 지녀서 자기 상황을 미루어 남에게 미치고, 자신의 군주를 요순과 같은 임금이 되게 하고자 하고, 자신의 백성을 요순의 백성이 되게 하고자 하여, 군주를 섬기고 자신을 실천하는 데에 한결같이 정도(正道)로써 하는 사람은 대신(大臣)입니다. 간절히 나라를 걱정하여 자신의 몸을 돌보지 않으며, 진실로 군주를 섬기고 백성을 보호하며 평탄하거나 험준한 것을 가리지 않고 정성을 다해 행하면서, 비록 정도에는 약간 지나치거나 모자람이 있더라도 시종일관 사직을 편안하게 하는 데 마음을 두는 사람은 충신(忠臣)입니다. 자리에 있으면 자기 직분을 지킬 것을 생각하고, 임무를 받으면 능력을 발휘할 것을 생각하여, 기량이 비록 나라를 경영하는 데는 부족하더라도 재주는 하나의 관직이라도 맡을 수 있는 사람은 간신(幹臣)입니다. 대신이 성군(聖君)을 만나면 삼대(三代)의 치세를 회복할 수 있습니다. 충신이 나라를 맡으면 위태롭거나 망하는 화가 없게 할 수 있습니다. 간신의 경우에는 실무직으로는 쓸 수 있지만 중대한 임무[大任]를 맡길 수는 없습니다.

물러나 스스로 지키는 것에도 세 등급이 있습니다. 불세출(不世出)의 도를 품고 때를 구할 기량을 쌓고서도, 한가로이 도를 즐기며 재주를 숨겨두고 자신을 알아봐주는 사람을 기다리는 이는 천민(天民)[4]입니다. 스스로 학문이 부족함을 헤아려서 학문을 진전시키고, 스스로 자질이 부족함을 알아서 자질을 키우며, 학문을 닦으면서 때를 기다리고, 가볍게 재주를 팔지 않는 사람은 학자(學者)입니다. 높고 깨끗하고 맑고 고결하여 세상일에 마음을 두지 않고, 초연하게 노닐면서 세상일을 잊은 사람은 은자(隱者)입니다.

천민이 때를 만나면 천하의 백성이 모두 그 은택(恩澤)을 입습니다. 학자는 비록 때를 만나더라도 진실로 이 도를 확신하지 못하면 감히 가

벼이 나아가지 않습니다. 은자의 경우는 은둔하는 데에 치우쳐 있으니 때에 알맞은 도가 아닙니다."

손님이 물었다.

"선생이 말하는 선비에 해당하는 사례가 있습니까?"

주인이 대답했다.

"고요(皐陶, 순 임금의 신하로 형옥을 맡음)와 기(夔, 요와 순 임금의 신하로 음악을 맡음), 직, 설은 요순을 보필했고, 중훼와 주공, 소공은 상나라와 주나라를 보좌했으니 이들이 이른바 대신입니다. 영무자는 군주를 구했고, 제갈량은 적을 정벌했고, 적인걸은 반정(反正)을 했고, 사마광은 폐습을 혁파했으니 이들이 이른바 충신입니다. 조과는 농정에 뛰어났고, 유안은 재정에 밝았으며, 조충국은 오랑캐를 막는 데 능했고, 유이는 수리를 흥하게 하는 일에 능했으니 이들이 이른바 간신입니다.

이윤은 유신에서 농사지었고, 부열은 부암에서 막노동을 했고, 강태공은 위수에서 낚시했습니다. 세 사람은 이 세상에 뜻이 없는 것 같았지만 마침내 성군을 만나 천심에 부응했습니다. 이는 천민이 그 도를 행한 경우입니다. 천민의 도는 곧 대신의 도입니다. 주렴계(주돈이)는 남강에서 노닐었고, 정명도(정호)는 하남에서 말직에 있었으며, 정이천(정이)은 부릉에 유배되었습니다. 소강절(소옹)은 낙양에서 몸소 밥을 지어 먹었고, 장횡거(장재)는 관내(關內)에서 예를 강의하였고, 주회암(주희)은 민중(閩中)[5]의 도교사원에서 봉사(奉祀)했습니다. 이 몇몇 사람은 도와 덕을 품고도 때를 만나지 못했습니다. 이는 천민이 도를 행하지 못한 경우입니다.

신문[6]이 문지기를 했던 것, 접여[7]가 거짓으로 미치광이 노릇을 한 것, 장저와 걸익[8] 두 사람이 함께 농사지은 것은 모두 세상을 잊는 데 과감한 경우이니 이들이 이른바 은자입니다. 부자(공자)께서 새나 짐승과 함께 살 수 없다고 탄식한 것은 바로 이들을 두고 한 말입니다. 학자가 벼슬하지 않는 것은 시대가 옳지 못해서가 아니며, 숨는 것을 숭상해서만도 아닙니다. 진실로 학문과 재주가 부족한데도 먼저 공업을 베푼다면 (이는) 장인을 대신해서 작업하다가 손에 상처를 입는 것과 같습니다. 그러므로 빛을 감추어 스스로 지키고 재주를 닦으면서 쓰이기를 기다리는 것은 자벌레가 잔뜩 웅크렸다가 펴고자 하는 것과 같습니다. 옛날 선비 중에 이에 해당하는 경우가 많습니다. 선생이 만약 반드시 이름을 듣고자 한다면, 칠조개[9]의 무리와 같은 사람이 이에 해당할 것입니다."

손님이 물었다.

"충신이 임금을 섬기는 데 도가 아니면 안 되었을 것인데도, 선생은 어째서 정도에 넘치거나 모자람이 있다고 하십니까?"

주인이 대답했다.

"선생이 어찌 도를 알겠습니까? 이 도라는 것은 이윤, 태공과 같은 이가 아니면 더불어 들을 수 없는 것이니 어찌 충신이라도 감당할 수 있는 것이겠습니까? 저 제갈량과 적인걸 같은 무리는 비록 충성이 하늘을 찔러 사직이 여기에 의지했지만 성현의 도를 기준으로 가늠해 본다면, 짧은 것을 굽혀 긴 것을 펴고,[10] 공을 계산하고 자신의 이익만을 노려 부정한 이익을 꾀하는 것이 많습니다. 어찌 지나치거나 모자람이 없다고 할 수 있겠습니까?"

제1부 '정치의 주체인 임금과 신하, 그 만나기의 어려움'을 논하는 두 번째 장에서는 신하의 도리를 논하고 있다. 즉 나라에 도(道)가 있을 때에는 나아가 겸선천하(兼善天下: 천하와 더불어 선한 일을 함)하고, 나라에 도가 없을 때에는 물러나 독선기신(獨善其身: 자기 혼자만 선한 일을 함)하는 신하의 도리를 역사적인 예를 들어 설명하였다. 이는 전형적인 유가의 논리다.

이러한 신하의 도리는 유가의 일반론을 전제할 때 큰 문제가 없어 보인다. 그런데 신하의 도리를 독립 항목으로 분리하여 논한 것은 흔치 않은 일이다. 더구나 군도에 대비되는 항목으로서 신도(臣道)를 설정한 것은 군도를 독립적으로 다루어 상대화한 것처럼 신도 역시 군도에 상대되는 가치로 이해한 것으로 읽힌다.

역사적으로도 신도를 독립 항목으로 다룬 예는 찾기가 쉽지 않다. 남송의 진덕수가 제왕학을 다룬 『대학연의』에도 간신(姦臣)을 분별하는 방법만 있을 뿐 신하의 도리를 정리한 내용은 없다. 명의 『성리대전』도 군도(君道)와 치도(治道) 항목은 있지만 신도는 따로 항목이 없다. 치도의 영역에서 부분적으로 다룰 뿐이다.

『성리대전』의 치도에서는 군도와 대비되는 의미로서의 신도가 아니라 그야말로 다스리는 도리의 여러 영역 가운데 하나의 영역으로 신도를 상정하였다. 『성리대전』은 66~69권의 4권에 걸쳐 치도를 다루는데, 〈치도 일(治道 一)〉에는 총론(總論)·예악(禮樂), 〈치도 이(治道 二)〉에는 종법

(宗法)·시법(諡法)·봉건(封建)·학교(學校)·용인(用人), 〈치도 삼(治道 三)〉

에는 인재(人才)·구현(求賢)·논관(論官)·간쟁(諫諍)·법령(法令)·상벌(賞

罰), 〈치도 사(治道 四)〉에는 왕백(王伯)·전부(田賦)·이재(理財)·절검(節

儉)·진휼(賑恤)·정리(禎異)·논병(論兵)·논형(論刑)·이적(夷狄)이 있다.

이 가운데 신하의 도리에 해당하는 부분은 용인·인재·구현·논관·

간쟁 등이다. 『대학연의』와 비교해 본다면 신하의 도리를 다양한 관점

에서 설명하고 있음을 알 수 있다. 특히 인재를 분별한다는 관점에서만

신하들에 대해 접근하였던 『대학연의』보다는 관점의 폭이 넓어졌다. 그

러나 앞서 지적했듯이 이 역시 치도의 한 부분으로서 신하의 도리를 다

루고 있다는 점에서 『동호문답』의 신도와 차별된다. 이와 같이 이전까

지의 신하론과 비교해 볼 때 『동호문답』에서 신하에 대한 도리를 논한

것은 확실히 새로운 영역을 제시했다고 할 수 있다.

『동호문답』의 신도에서는 신하들을 자세하게 구분하고 있다. 정치에

나아가는 신하도 여러 종류가 있음을 상정하였다. 이들의 자질과 능력

에 따라 대신(大臣)·충신(忠臣)·간신(幹臣)으로 나누었다. 대신은 자기

군주를 요임금이나 순임금과 같은 임금으로, 자신의 백성을 요순의 백

성으로 만들며, 정도(正道)로만 군주를 섬기고 수신하는 신하이다. 충신

은 진심으로 군주를 섬기고 백성을 보호하여 사직을 편안하게 하는 신

하이며, 간신은 구체적인 일을 맡아서 처리할 수 있는 신하이다.

앞의 세 경우가 나아가 정치에 참여한 사례라면 반대로 물러나 스스

로를 지키는 데에도 천민(天民)·학자(學者)·은자(隱者)의 세 등급이 있다

고 하였다. 천민은 세상에 드문 도(道)를 품고 때를 구할 기량을 쌓고,

한가로이 도를 즐기며 재주를 숨겨두고 자신을 인정해 줄 사람을 기다리는 이다. 학자는 스스로 학문이 부족함을 헤아려서 학문을 진전시키고, 스스로 자질이 부족하다는 것을 알아서 자질을 키우며, 학문을 닦으면서 때를 기다리고, 가볍게 재주를 팔지 않는 사람이다. 은자는 높고 깨끗하고 맑고 고결하여 세상일에 마음을 두지 않는 사람이다.

論臣道

客曰：“士生斯世，莫不以經濟爲心，宜乎心迹皆同，而或進而兼善，或退而自守，何耶？”主人曰：“士之兼善，固其志也。退而自守，夫豈本心歟？時有遇不遇耳。進而兼善者，其品有三：道德在躬，推己及人，欲使吾君爲堯·舜之君，吾民爲堯·舜之民，事君行己，一以正道者，大臣也。惓惓憂國，不顧其身，苟可以尊主庇民，不擇夷險，盡誠行之，雖於正道，少有出入，而終始以安社稷爲心者，忠臣也。居其位思守其職，受其任思效其能，器雖不足於經國，才可有爲於一官者，幹臣也。大臣得君，則可復三代之治；忠臣當國，則可無危亡之禍；若夫幹臣，則可用於有司，而不可使當大任也。退而自守者，其品有三：懷不世之寶，蘊濟時之具，囂囂樂道，韞櫝待賈者，天民也。自度學不足而求進其學；自知材不優而求達其材，藏修待時，不輕自售者，學者也。高潔清介，不屑天下之事，卓然長往，與世相忘者，隱者也。天民遇時，則天下之民，皆被其澤矣。學者雖遇明時，苟於斯道，有所未信，則不敢輕進焉。若隱者則偏於遯世，非時中之道也。”客曰：“子之所謂士者，求之於古，抑有其人乎？”主人曰：“有臯·夔·稷·契之佐唐·虞；仲虺·周·召之輔商·周，此所謂大臣也。審武子之救主；諸葛亮之討賊；狄仁傑之反正；司馬光之革弊，此所謂忠臣也。趙過善於治田；劉晏善於理財；趙充國能禦戎狄；劉彝能興水利之類，此所謂幹臣也。伊尹耕於有莘；傅說築於傅巖；太公釣於渭水。三人者，若無意於斯世，而終遇聖君，共享天心，此天民之行得其道者也。天民之道，卽大臣之道也。濂溪徜徉于南康；明道祿仕于河南；伊川編管涪陵；康節躬爨洛陽；橫渠講禮于關內；晦菴奉祠于閩中。斯數人者，懷抱道德，不遇於時，此天民之不得行道者也。晨門之抱關；接輿之佯狂；

沮・溺之耦耕, 皆果於忘世, 此所謂隱者也。夫子"鳥獸同羣"之嘆, 端爲斯人也。若學者之不仕, 則非爲時之不可也, 非爲隱之可尙也。誠以學術不足, 先施功業, 則代大匠斲, 鮮不傷手, 故韜光自守, 藏器待用。尺蠖之屈, 以求伸也。古之儒者, 多於是乎從事焉。子若必欲聞名, 則如漆雕開之類是也。"客曰:"忠臣事君, 非道則不可, 子以爲"於正道, 有出入"者, 何耶?"主人曰:"子烏知所謂道耶? 斯道也者, 非伊尹・太公之流, 則不得與聞焉。豈忠臣之所敢當耶? 彼諸葛亮・狄仁傑之徒, 雖忠誠貫日, 社稷是賴, 而律之以聖賢之道, 則枉尺而直尋, 計功而謀利者多矣。烏可謂之無出入耶?"

03

군신이 서로 만나기 어려움을 논하다

손님이 물었다.

"삼대 이후로 다시 왕도를 행한 자가 없는데, 그 까닭은 무엇입니까?"

주인이 슬프게 탄식하며 대답했다.

"도학이 밝혀지지 못하고 행해지지 못했기 때문입니다. 한나라 이후로 높은 지위에 있는 자가 도학이 무엇인지 알지 못하고, 단지 머리로만 천하를 파악해서, 의미 없이 세월만 보내고, 임시방편으로 끌어다가 날을 보내니 수천 년도 다만 하룻밤처럼 지나갔을 뿐입니다. 정자(程子)께서 주공이 죽고 백세(百世) 동안 제대로 다스린 자가 없다'고 하셨으니, 정말로 그렇습니다."

손님이 물었다.

"한나라 이후로 글을 읽은 자가 없지는 않습니다. 이른바 도학(道學)

은 어떤 학문입니까?"

주인이 대답했다.

"비루하군요, 선생의 말씀이! 도학이라는 것은 격치(格致)로써 선(善)을 밝히고 성정(誠正)으로써 몸을 닦으며[2], 몸에 쌓으면 천덕(天德)이 되고 정사에 시행하면 왕도(王道)가 됩니다. 저 독서라는 것은 격물치지 가운데 한 가지일 뿐입니다. 책을 읽기만 하고 실천하지 않으면 말만 잘하는 앵무새와 무엇이 다르겠습니까? 양 원제[3]가 만 권의 책을 읽었지만 마침내 위나라의 포로가 되었으니, 이 역시 도학이라고 말할 수 있겠습니까?"

손님이 물었다.

"삼대 이후로 도학을 행하는 임금이 끊어져 없다고 할지라도 어찌하여 도학을 행한 선비조차 없습니까?"

주인이 대답했다.

"어찌 그런 사람이 없겠습니까? 다만 군주 자리에 있는 사람들이 선비들의 우활함을 의심하여 천직(天職)을 함께하지 않았던 것입니다. 도학을 행하는 선비를 진유(眞儒)라고 합니다. 맹자 이후에 진유가 나타나지 않았다가 천 년 뒤에 비로소 주렴계가 은미한 것을 밝히고 깊은 뜻을 드러내 정자와 주자를 계승하였습니다. 이후에 이 도가 세상에 크게 밝혀졌으니 하늘에 해가 높이 뜬 것과 같았습니다. 다만 송나라의 임금이 도학을 알지 못해 대현(大賢)을 낮은 관직에 머물게 하여 백성이 그 은혜를 입지 못한 것이 한스러울 뿐입니다."

손님이 물었다.

"한·당 이후로 영민하고 총명하며 능력이 있는 임금이 없지 않은데 어째서 모두 진유를 알아보지 못했겠습니까? 다만 서로 만나지 못하였을 뿐이 아닙니까?"

주인이 대답했다.

"후세의 임금 가운데 누가 진유를 등용했다고 할 수 있습니까? 나는 아직 보지 못하였습니다. 선생이 이를 알려주십시오."

손님이 물었다.

"한나라 고조는 어떻습니까?"

주인이 대답했다.

"군자는 반드시 임금이 공경을 지극히 하고 예를 다하길 기다린 이후에야 나아가는데, 저 한나라 고조는 본래 게으르고 무례하며 그가 부리는 사람들도 모두 부귀공명에 뜻을 둔 자들일 뿐입니다. 진유가 어찌 거세(踞洗)의 치욕[4]을 즐기어 스스로 한신(韓信)[5]이나 왕포의 대열에 몸을 섞겠습니까?"

손님이 물었다.

"문제는 어떻습니까?"

주인이 대답했다.

"문제는 자포자기[6]한 임금입니다."

손님이 크게 놀라 물었다.

"문제는 천하의 어진 임금입니다. 자포자기했다고 하시는 것은 무슨 말입니까?"

주인이 대답했다.

"삼대 이후에 천하의 현군이 진실로 문제와 같은 사람은 없었으나 다만 지향(志向)이 비루하고 천박해서 옛 도를 반드시 회복할 수는 없다고 여겼습니다. 편안하고 조용한 것에 안주하고 근근이 백성을 기르기만 하였으니 옛 도를 회복하지 못한 것이 문제로부터 시작되었습니다. 문제와 같은 사람은 끝내 요순의 도에 들어갈 수가 없으니 자포자기가 아니면 무엇이겠습니까? 비록 진유를 만났더라도 반드시 등용하지 못했을 것입니다."

손님이 물었다.

"그렇다면 무제[7]는 어떻습니까?"

주인이 대답했다.

"무제는 속으로는 욕심이 많았으나 겉으로는 인의를 베풀었습니다. 그 인의라 말하는 것이 모두 허문(虛文)[8]을 숭상하여 아름답게 보이게만 할 뿐이니 성심으로 도를 믿은 것이 아닙니다. 동중서[9]와 급암[10]과 같은 사람도 마침내 등용할 수 없었는데 하물며 진유를 등용할 수 있었겠습니까?"

손님이 물었다.

"광무제[11]는 어떻습니까?"

주인이 대답했다.

"광무제는 그릇[規模]이 고조에 미치지 못합니다. 자기 멋대로 행하는 데만 힘쓰고 삼공에게 정사를 맡기지 않았으니 그가 진유에게 성공적으로 정사를 이끌기를 바라지 않았음을 알 수 있습니다."

손님이 물었다.

"명제[12]는 어떻습니까?"

주인이 말하였다.

"명제는 지나치게 꼼꼼하여 임금의 도량이 없었습니다. 벽옹(辟雍)[13]에 가서 삼로에게 예를 행하는데[14] 다만 형식적일 뿐이니 어찌 이른바 진유를 알겠습니까. 하물며 호교(胡敎)[15]를 처음으로 숭상하여 만세토록 끝없는 근심을 열어놓았으니, 이 사람이 어찌 유능한 임금이겠습니까?"

손님이 물었다.

"당 태종은 어떻습니까?"

주인이 대답했다.

"태종은 아버지를 위협하고 병사를 일으켜 형을 죽이고 제위를 빼앗았으며 동생의 처에게 음행을 하였으니 개, 돼지와 같습니다. 태종이 비록 진유를 등용하고자 하여도 진유가 어찌 태종의 신하가 되고자 했겠습니까?"

손님이 물었다.

"송 태조는 어떻습니까?"

주인이 대답했다.

"태조는 주나라 세종의 총신으로 진교의 변[16]이 닥치자 끝내 찬탈을 행한 신하가 되었으니 진유라면 반드시 실망하여 떠났을 것입니다."

손님이 놀라 물었다.

"진실로 선생의 말과 같다면 진유는 끝내 세상에 받아들여질 수 없는 것입니까?"

주인이 대답했다.

"만약 진유가 소열제를 만났다면 그 뜻을 약간이나마 펼칠 수 있었을 것입니다. 소열제가 제갈공명을 세 번 방문하였을 때 공명은 신분이 낮고 나이가 적었으며, 소열제는 지위가 높고 나이가 많았습니다. 공명에 대해서 다만 그 이름만을 들었을 뿐 깊이 알지 못하였으나 매우 부지런하고 정성스럽게 두 번 세 번 찾아갔으니 현인을 좋아하는 정성이 아니면 이와 같을 수 있겠습니까? 공명을 진유로 여기고 반드시 공경하고 믿었던 것이니, 저는 후세의 임금으로는 오직 소열제만이 거의 진유를 등용할 수 있었다고 생각합니다.

대개 유능한 임금은 반드시 공경하고 믿는 신하가 있으니 서로 친한 것이 부자와 같고, 서로 뜻이 맞는 것이 물과 물고기와 같고, 서로 조화로운 것이 궁상(宮商)[17]과 같고, 서로 합쳐지는 것이 계부(契符)[18]와 같은 이후에야 말은 쓰이지 않은 것이 없고, 도는 행해지지 않은 것이 없고, 일은 이루어지지 않은 것이 없습니다. 요가 순을, 순이 우·고요를, 탕이 이윤을, 무정[19]이 부열[20]을, 문왕이 태공을 대하는 것과 같은 예가 이런 경우입니다. 또한 이에는 미치지 못하나 다음이 될 수 있는 사례가 제갈량에 대한 소열의 행위일 것입니다. 후세의 군신들은 모두 이런 사례에 미칠 수 없습니다."

손님이 물었다.

"부견[21]이 왕맹[22]에 대한 관계와 당 태종이 위징[23]에 대한 관계 또한 서로 잘 만났다고 이를 만하나 제가 헤아리지 못한 것이 있습니까?"

주인이 대답했다.

"제가 서로 잘 만났다고 말한 것은 올바름으로써 서로 믿은 경우에 해당합니다. 저 부견은 오랑캐의 추장으로서 용렬한 인물 가운데 조금 나은 편이고, 왕맹이 짜낸 책략의 공으로도 한 세대조차 정권을 유지하지 못하였으니 어찌 입에 담을 만하겠습니까? 태종은 명예를 좋아하는 군주이고, 위징도 명예를 좋아하는 신하입니다. 비록 서로 잘 만나 한 세대를 다스린 것 같았으나 살아서는 죽이고자 하는 마음이 그치지 않았고, 죽어서는 비석이 넘어지는 수모를 벗어날 수 없었습니다.[24] 이 어찌 마음으로 기뻐하고 정성으로 믿은 것이겠습니까!"

제1부 '정치의 주체인 임금과 신하, 그 만나기의 어려움'을 논하는 세 번째 장에서는 임금과 신하가 서로 만나기 어려운 것을 논하고 있다. 앞서 임금의 도리와 신하의 도리를 논하면서 정치의 두 주체인 임금과 신하를 자세히 살핀 이이는 임금과 신하가 제대로 서로를 만나기 어렵다고 판단했다.

그리고 왕도(王道)가 행해지지 않은 이유를 도학(道學)인 성리학이 밝혀지지 않은 데에서 찾았다. 도학이 밝혀지지 않은 이유 역시 군주에게서 구하였다. 즉 삼대 이후에 왕도를 행한 임금이 없기 때문에 도학이 밝혀지지 않았다는 것이다. 단지 아는 데서 그치지 않고 그것을 몸으로 닦고 정사에 시행할 때 비로소 왕도정치가 실현될 수 있지만 그런 임금이 없었다는 뜻이다.

왕도정치를 행하기 위한 도학은 격물치지를 통해 닦을 수 있으며, 이를 실천하면 저절로 왕도정치가 실현된다고 보았다. 그래서 남조 때의 양(梁) 원제(元帝)가 책 읽기를 좋아하여 14만 권이라는 어마어마한 책을 소장했음에도 불구하고 위나라에 의해 멸망한 사례를 들어 독서가 격물치지를 통해 실천에 이르지 않으면 아무 소용이 없음을 지적하였다.

이이는 이어서 왕도를 행한 임금이 없었기에 도를 행하는 선비, 곧 진유(眞儒)가 임금에게 나아가지 않았다고 하였다. 역시 임금에게 책임을 물은 것이다. 맹자 이후 진유가 나타나지 않았다가 주돈이(周敦頤, 1017~1073) 이후 정자(程子)와 주자(朱子)가 도를 밝혔다고 보았다.

이이는 이렇게 제대로 된 임금과 신하가 만나기 어려움을 지적하면서도 궁극적인 책임을 군주에게 물었다. 한나라 고조(高祖)와 문제(文帝), 무제(武帝), 후한의 광무제(光武帝), 명제(明帝), 당 태종(太宗), 송 태조(太祖) 등의 문제점을 지적하기도 하였다.

사실 이이가 예로 든 황제들은 그 공으로 따졌을 때에는 중국 역사에서 첫손에 꼽히는 인물들이다. 적어도 총명함과 능력 면에서 다른 임금들보다는 월등했다. 그럼에도 이이는 이들을 제대로 된 신하를 등용하지 못한 임금으로 보았다.

예를 들어 한 고조는 게으르고 무례하며, 부리던 신하들조차 모두 부귀공명에나 뜻을 두었을 뿐이라고 하였다. 더구나 신하에게 수치스러운 행위를 강요하거나 신하를 예로 대접하지 않았기 때문에 진유를 만날 수 없었다고 보았다. 심지어 일반적으로는 현군(賢君)으로 평가받는 한 문제도 현실에 안주하여 백성을 안정시키는 정도에 그쳤을 뿐 건설적인 이상향을 추구할 의지가 없는 비루한 군주로 보았다. 자포자기한 임금으로서 오히려 이후 더 큰 문제를 야기했다고 보았다.

한 무제는 한 제국의 전성기를 이룩한 황제다. 그러나 이이의 평가는 냉정하다. 인의를 베풀었지만 성심으로 도를 믿은 것이 아니라 허례를 숭상한 것일 뿐이라고 하였다. 조선의 네 번째 임금 세종 역시 무제가 방종하고 지나치게 욕심을 부리다 왕도정치에 실패했다고 보았다. 세종은 경연(經筵)에서 무제를 이와 같이 논하였는데, 이는 유학자들의 공통된 평가이기도 하다.

이이는 더구나 유교를 국교로 공인화하는 데에 결정적 영향을 미친 동중서(董仲舒)와 간언을 자주 하였던 충성스러운 신하 급암(汲黯)도 끝내는 등용할 수 없었던 것은 비교적 용납할 만한 인물이 일시적으로 등용되더라도 마침내는 쫓겨났던 역사적 사실에 주목했다.

후한의 창시자 광무제에 대해서도 그가 한 고조에 미치지 못한다고 평가하며, 자기 멋대로 행하고 삼공에게 정사를 맡기지 않았던 한계를 지적하였다. 당 태종이나 송 태조도 황제의 자리를 빼앗은 단점을 지적하여 진유가 결국 가까이할 수 없었음을 지적하였다.

그렇다면 진유는 끝내 세상에 용납될 수 없었을까? 이 질문에 이이는 삼국시대 촉한(蜀漢)의 유비(劉備)를 예로 들었다. 유비가 평가받을 수 있었던 이유로 높은 지위에 있었고 나이도 많았지만 몸소 제갈공명을 찾아간 점을 들었다. 즉 공경스럽고 믿을 만한 신하가 있더라도 유능한 임금과 짝이 이루어져야 함을 말했던 것이다.

결국 이이는 군주와 신하가 만나기 어려운 이유는 그 책임이 군주에게 있는데, 군주가 믿을 만한 신하를 등용하지 않기 때문이라고 본 것이다. 현명한 신하를 등용하는 용현(用賢)의 문제는 이이가 치인 또는 경세에서 가장 중요하게 여기는 요소로, 국왕이 해야 할 가장 중요한 일이었다. 이를 제대로 시행하는 것이 곧 임금과 신하의 올바른 만남의 출발임을 지적한 것이다.

일반적으로 임금과 신하의 좋은 만남이라고 칭송받는 부견-왕맹, 태종-위징의 관계 역시 이이의 눈에는 한계가 있는 만남일 수밖에 없었다.

論君臣相得之難

客曰：“三代之後，更無行王道者，其故何耶？”主人慨然嘆曰：“道學不明不行之故也。自漢以後，居大位者，不知道學爲何事，只以智力把持天下。架漏過時，牽補度日，寥寥數千載，只是長夜而已。程子曰，‘周公沒而百世無善治’，信哉。”客曰：“自漢以後，非無讀書之人也，所謂道學者，何學耶？”主人曰：“陋哉，子言！夫道學者，格致以明乎善，誠正以修其身，蘊諸躬則爲天德，施之政則爲王道，彼讀書者，格致中一事耳。讀書而無實踐者，何異於鸚鵡之能言耶？如梁 元帝讀書萬卷，竟爲魏俘，此亦可謂道學乎？”客曰：“三代之後，道學之君則絶無矣，豈無道學之士乎？”主人曰：“豈無其人乎？特上之人，疑其迂闊，不與共天職也。道學之士，謂之眞儒，孟子之後，眞儒不作，千載之下，始有濂溪 周子，闡微發奧。繼之以程·朱，然後斯道大明於世，如日中天。第恨有宋之君，不知道學，使大賢沈於下僚，斯民未蒙其澤耳。”客曰：“漢·唐以後，非無英明有爲之主也，豈盡不知眞儒乎？特不相遇耳。”主人曰：“後世之君，誰可用眞儒者？我未之見也。子試言之。”客曰：“漢 高祖何如？”主人曰：“君子，必待人君致敬盡禮而後至。彼高祖素慢無禮，其所駕馭者，皆志乎功名富貴者耳。眞儒孰肯甘受踞洗之辱，區區廁身於信·布之列哉？”客曰：“文帝何如？”主人曰：“文帝，自棄之君也。”客大驚曰：“文帝，天下之賢君也，子以爲自棄，何耶？”主人曰：“三代之後，天下之賢君，固莫如文帝者矣。但其志趣卑下，以爲古道必不可復，安於恬靜，僅取養民，古道之不復，自文帝始。如文帝者，終不可入於堯·舜之道矣。非自棄而何？雖遇眞儒，必不能用也？”客曰：“然則武帝何如？”主人曰：“武帝內多欲而外施仁義，其所謂仁義者，皆崇尚虛文，以爲美觀耳，非誠心信道者也。有董仲舒·汲黯，尚不能用，況可用眞儒乎？”客曰：“光武何如?"主人曰:"光武規模不及高祖, 務自用而不任三公, 其不能仰成於眞儒, 可知矣。"客曰:"明帝何如?"主人曰:"明帝察察, 無人君之度。臨雍拜老, 特示文具耳。豈知所謂眞儒耶? 況乎肇崇胡教, 以啓萬世無窮之患, 此豈有爲之君耶?"客曰:"唐 太宗何如?"主人曰:"太宗劫父而發兵, 殺兄而奪位, 淫于母弟之妻, 行若狗彘矣。太宗雖欲用眞儒, 眞儒孰肯爲太宗之臣乎?"客曰:"宋 太祖何如?"主人曰:"太祖以周 世宗寵遇之臣, 迫於陳橋之變, 卒爲簒逆之臣, 眞儒必望望而去矣。"客愕然曰:"信子言也, 眞儒終不可容於世耶?"主人曰:"若使眞儒得遇昭烈, 則庶幾少行其志矣。昭烈之三顧孔明也, 孔明身賤而年少, 昭烈位高而年尊, 其於孔明, 只聞其名, 未必深知, 而勤勤懇懇, 至再至三, 非誠於好賢, 能若是乎? 使孔明便是眞儒, 昭烈必能敬信矣。吾以爲後世之君, 惟昭烈庶幾能用眞儒。大抵有爲之主, 必有所敬信之臣, 相親如父子, 相得如魚水, 相調如宮商, 相合如契符, 然後言無不用, 道無不行, 事無不成焉。若堯之於舜, 舜之於禹・皐陶, 湯之於伊尹, 武丁之於傅說, 文王之於太公, 是也。抑可以爲次者, 昭烈之於諸葛亮, 是也。後世君臣, 皆不能及焉。"客曰:"苻堅之於王猛, 唐 太宗之於魏徵, 亦可謂相得, 而吾子不數, 何歟?"主人曰:"吾所謂相得者, 取其以正相信耳。彼苻堅, 夷狄之酋, 庸中佼佼, 王猛詐力之功, 不終一世, 何足置齒牙閒耶? 太宗, 好名之君也; 魏徵, 好名之臣也, 雖似相得, 假治一世, 而生不能止欲殺之心; 死不能免踣碑之辱, 此豈中心悅而誠信者耶?"

04

우리나라에서 도학이 행해지지 않음을 논하다

손님이 물었다.

"우리 동방에도 왕도로써 세상을 다스린 사람이 있었습니까?"

주인이 대답했다.

"문헌이 부족하여 고증할 수 없습니다. 다만 생각해 본다면 기자(箕子)가 우리 동방의 임금이 되었을 때에 정전제(井田制)¹와 팔조(八條)²의 가르침이 틀림없이 순수한 왕도정치에서 나왔을 것입니다. 그 후 삼국(三國)이 솥발처럼 세 개로 나뉘었다가 고려에 의해 통일되었는데, 그 사업을 고찰해보면 오로지 꾀와 힘으로 서로를 이기려고 했으니 어찌 도학을 숭상할 줄 알았겠습니까? 임금만 그런 것이 아니라 신하들도 역시 진실로 알고 실천하여 옛날 군자의 가르침을 계승하였다는 말은 들어보지 못했습니다. 불학(佛學)에 잘못 빠져 화복(禍福)에 급급한 세월이 천 년 동안 이어지니 특출한 이가 전혀 없었던 것입니다. 고려 말

정몽주(鄭夢周)가 유자(儒者)의 기상을 조금 지니고 있었으나 그 또한 학문을 성취하지 못하였고, 그가 행한 일을 살펴보면 충신에 지나지 않습니다."

손님이 화를 내며 물었다.

"선생은 우리 동방 수천 년 동안 진유가 한 명도 없었다고 여기시는데 무슨 기준이 그토록 지나치게 고상합니까?"

주인이 웃으면서 대답했다.

"선생이 나에게 물어서 내가 감히 바른 대로 대답하지 않을 수 없었던 것이지, 어찌 지나치게 고상한 논의를 즐기려고 한 것이겠습니까? 대개 진유라고 하는 사람은 벼슬자리에 나아가면 한 시대에 도를 행하여 백성으로 하여금 자유로운 즐거움을 누리게 하고, 관직에서 물러나면 만세에 가르침을 펴서 배우고자 하는 사람이 깊은 잠에서 깨어날 수 있게 합니다. 관직에 나아가 도를 행함이 없고 관직에서 물러나 전할 만한 가르침을 베푼 것이 없다면, 비록 사람들이 진유라 이르더라도 나는 믿지 않습니다. 기자가 오랑캐의 풍속을 바꾼 뒤 다시는 본받을 만한 좋은 다스림이 없었으니 이것은 나아가 도를 행한 자가 없었던 것이고, 우리나라 사람의 저술에서 의리(義理)에 매우 밝은 것을 보지 못했으니 이는 물러나서 가르침을 편 사람이 없었던 것입니다. 내가 어찌 망령된 말로 후대의 많은 사람들을 속이겠습니까?"

제2부 '정치의 기준과 조선의 현실'을 논한 첫 번째 장에서는 동방에서 정치의 보편적 이론인 도학이 실행되지 않는 이유에 대해 논하고 있다. 앞서 임금과 신하가 만나기 어려운 조건에서 보여준 보편적 이론이 조선의 역사에도 그대로 적용되었던 것이다.

이이는 우리나라에서 기자가 임금이 되었을 때에는 왕도정치가 실현되었던 것으로 보았다. 정전제나 팔조의 금법이 실행된 것을 그 증거로 들고 있다. 그러나 삼국시대부터 고려까지 도학(道學)이 행해지지 못했다고 보았다. 특히 고려의 통일은 서로 이기려고 꾀와 힘을 낸 것에 불과한 것으로 평가했다.

또 불교가 국교로 기능하였던 점을 참작하여 삼국시대부터 고려까지 천 년 동안 진유가 없었으며, 그러기에 도학이 행해지지 못한 것으로 보았다. 그러다가 고려 말에 정몽주가 유학자의 기상을 지녀 충신에는 이르렀으나 그 역시 학문을 성취한 도학자, 즉 진유가 되기에는 부족하다고 평가했다.

이이는 조선 역시 옛 도를 회복하지 못하고 있다고 한탄했다. 조선에서는 다만 성군이었던 세종 때의 정치가 볼만했으나 이를 뒷받침할 진유가 없기 때문에 왕도정치를 이룰 수 없었다고 보았다. 그렇다면 이이가 생각하는 진유, 곧 진짜 유학자는 누구일까? 『동호문답』에서는 이에 대해 누구라고 직접 말하고 있지 않다. 다음은 이이가 생각하는 진유이다.

대개 진유(眞儒)라고 하는 사람은 벼슬자리에 나아가면 한 시대에 도를 행하여 백성으로 하여금 자유로운 즐거움을 누리게 하고, 관직에서 물러나면 만세에 가르침을 펴서 배우고자 하는 사람이 깊은 잠에서 깨어날 수 있게 합니다.

수기치인의 원칙을 실천하되, 그 수기가 자신만을 위한 것이 아니라 가르침을 베풀어야 함을 염두에 둔 것이다. 그렇다면 현실에 이런 진유는 존재할 수 있을까?

이이의 답은 제시되어 있지 않지만 당시 16세기 중반의 상황을 고려해 본다면 현실적으로는 '사림(士林)'이 바로 진유에 해당한다고 볼 수 있다. 사림이라는 이름으로 정치에 등장한 이들은 향촌사회에서 사족으로 자리를 잡으며 이에 걸맞은 새로운 사상을 추구했다. 이전까지 국가의 이념적인 운영 원리로서 기능하였던 성리학보다는 구체적인 향촌의 지주를 기반으로 하여 국가 운영에 참여할 방법을 모색하였다. 여기에 15세기 관학(官學) 중심의 성리학으로는 더 이상 체제에 만족할 수 없었던 점도 고려되었다.

그 결과 사림은 보다 근본적인 의미에서 기존의 성리학을 재검토했다. 과연 기존의 성리학으로 새로운 사회를 이끌 수 있을 것인가? 아니면 성리학과는 전혀 다른 새로운 사상을 찾을 것인가 하는 문제는 이 시기 훈구와의 대립에서 사림들이 제기할 수밖에 없는 것이었다.

게다가 16세기 전반의 잇단 사화(士禍)로 사림은 중앙 정계에서의 주도권을 상실한 채 지방에 은거하게 되었다. 사림은 사화기에 훈구의 격렬한 반발을 야기한 향약(鄕約) 보급 운동 대신 서원(書院) 제도에 주목했고, 이를 기반으로 새로운 사회적·정치적 기반을 다지고자 했다. 사림의 이러한 모색을 가능케 했던 것은 학문적 뒷받침이었다. 16세기 중반 학파(學派)의 학문적 성향을 이해하는 기준에 대해 기왕의 연구는 대체로 주자성리학에 가까운가 그렇지 않은가에 초점을 맞추지만 이 시기는 아직 주자성리학이 조선 후기와 같은 정통적 지위로 자리 잡기 전으로 새로운 성리학을 모색하는 단계였다.

이런 과정에서 조선의 학계는 우주론에서부터 인간의 인성론에 대한 논쟁[무극(無極)·태극(太極) 논쟁, 사단(四端)·칠정(七情) 논쟁, 인심(人心)·도심(道心) 논쟁], 사회·정치에 대한 치열한 논쟁을 전개한다. 이러한 논쟁이 중국에서도 없던 것은 아니다. 그러나 조선에서는 유례가 없을 정도로 치열했다. 그 유명한 퇴계 이황과 고봉 기대승의 편지 논쟁 같은 것도 바로 이 과정을 보여주는 것이다. 이때 사림은 기존의 체제교학적인 성리학에 대한 반성뿐만 아니라 새로운 사상의 모색 과정에서 북송대의 성리학을 검토했으며, 남송, 심지어는 명나라의 학문까지 재검토했다.

이런 과정을 거치면서 성리학 사상을 자기화할 수 있었던 것이다. 그 결과 이이가 기대하였던 진유는 남송의 성리학에 조선적인 경험이 반영된 성리학을 담보한 선비, 즉 사림이었던 것으로 볼 수 있다.

論東方道學不行

客曰：“吾東方, 亦有以王道治世者乎?”主人曰：“文獻不足, 無可攷者。但想箕子之君于吾東也, 井田之制·八條之教, 必粹然一出於王道矣。自是厥後, 三國鼎峙·高麗統一, 考其事業, 則專以智力相勝。夫孰知道學之爲可尙耶? 不特邦君爲然也, 下焉者, 亦不聞眞知實踐, 以紹先正之傳。詿誤于竺學, 怵迫于禍福, 滔滔千載, 莫或拔萃。麗末, 鄭夢周稍有儒者氣象, 亦未能成就其學, 迹其行事, 不過爲忠臣而已。”客艴然曰：“子以爲吾東數千載之閒, 無一眞儒, 何言之過高耶?”主人笑曰：“子問我, 我不敢不以正對。豈其樂爲過高之論耶? 夫所謂眞儒者, 進則行道於一時, 使斯民有熙皞之樂; 退則垂教於萬世, 使學者得大寐之醒。進而無道可行, 退而無教可垂, 則雖謂之眞儒, 吾不信也。箕子變夷之後, 更無善治之可法, 則是進無行道者矣。東人所著之書, 未見深明乎義理, 則是退無垂教者矣。吾豈妄言以誣百代之人耶?”

05

조선이 옛 도를 회복하지 못함에 관하여

손님이 물었다.

"이전의 쓸데없는 것[1]들은 다시 말할 필요가 없으니 현재의 일에 대해 말씀하시죠."

주인이 대답했다.

"좋습니다."

손님이 물었다.

"지금 성상(聖上)[2]이 왕위에 오르고[3] 현명한 신하들이 조정에 포진하여, 백성들이 매우 기뻐하면서 태평하기를 바란 지 이제 3년이 되었습니다. 그러나 민생이 곤궁하고 풍속이 각박하며, 기강이 바로잡히지 않고 선비의 풍조가 바르지 않음에는 추호의 변화도 없습니다. 그런데다가 천심이 노하고, 홍수와 가뭄이 불시에 닥치고, 일식과 월식이 일어나며, 별자리들이 변괴를 부리니 그 이유가 무엇입니까?"

주인이 한참 눈살을 찌푸리다가 말했다.

"쉽게 말할 수 없습니다."

손님이 말했다.

"그래도 한번 말씀해 보시지요."

주인이 말했다.

"내가 선생을 위해 그 근원을 고려하여 낱낱이 파헤쳐서 말해 보도록 하겠습니다. 우리 태조께서는 왕씨가 쇠망한 것을 이어서, 신령스러운 무예로써 국운(國運)을 열었습니다. 왕통을 이은 임금 중에 세종과 같은 성군은 이전 왕조에는 없었습니다. 나라를 훌륭하게 다스려서 비가 오고 날이 개는 것이 때에 맞았습니다. 유학을 숭상하고 도를 중히 여겨 인재를 육성했고, 예악(禮樂)을 만들어서 후손에게 물려주었습니다. 정치가 이때부터 융성해져 오늘에 이르러서도 남은 은택이 없어지지 않으니, 우리나라 만년의 복이 세종 대에 토대가 확립되었습니다.

오직 한스러운 점은 위에는 요순과 같은 임금이 있었으나 아래에는 후직(后稷)이나 설(契)과 같은 신하가 없었다는 것입니다. 허조[4]나 황희[5] 같은 이는 모두 보통 사람들 가운데 조금 뛰어났을 뿐입니다. 한 사람도 선왕의 도를 밝혀서 성군을 돕지 못했으니, 백성들의 살림이 조금 넉넉해지고 인구가 약간 많아진 것에 그쳤을 뿐입니다. 세도(世道)는 마침내 상나라나 주나라에 비해 부끄러워졌으니, 뜻이 있는 선비들의 한탄이 여기에서 비롯되었습니다.

문종은 일찍 돌아가서 은혜를 다 베풀지 못했고, 성종에게 전해지니 영리하고 슬기로운 자질이 천 년에 으뜸일 만큼 뛰어난 성군이었습니다. 그러나 당시 대신들은 용렬하고 비루하며 무식하여 경연에서 의논하면서 성정(性情)에는 마음이 없다[6]는 말을 하는 데까지 이르니 여기에서 무엇을 더 바라겠습니까? 당시에는 오랫동안 나라가 태평하여 국가가 부유하고 백성들이 넉넉하였습니다. 그러나 대소 신료들이 모두 나랏일을 염두에 두지 않고, 멋대로 유희(遊戱)하였습니다. 제멋대로 하는 것을 좋아하고 언행을 단속하고 경계하는 것을 꺼리며, 소신 있게 행동하는 것을 싫어하고 옳고 그름의 분별도 없이 남을 따르는 것을 좋아했습니다. 비록 능력이 있는 임금을 만났지만 융성한 정치와 교화는 볼 수 없고, 전해 내려온 풍속이 지금은 폐단이 되었습니다. 뜻 있는 선비들의 탄식이 여기에서 다시 일어났습니다.

중종은 연산군의 잔인하고 포악한 정치에 뒤이어 왕위에 올랐으나, 마음을 가다듬고 정치에 힘썼으며 정성을 다해[7] 어진 사람을 구했습니다. 기묘년에 조광조 같은 사람이 성리(性理)의 학문으로써 임금에게 특별히 사랑을 입어서, 임금을 부모와 같이 사랑하고 자신을 잊고 나라를 위해 목숨을 바쳤으며, 널리 재주와 슬기가 뛰어난 사람들을 초청하여 임금의 총명을 열어 넓혔으며, 시원하게 세도를 만회하여 삼왕오제를 따르려는 뜻이 있었습니다. 그 결과 유림들이 활발히 움직이고 백성들도 우러러보아 요순시대의 빛나는 업적과 집집마다 많은 인재가 있던[8] 때를 곧 기대할 수 있으리라 여겨졌습니다.

애석하게도 조광조의 출사가 너무 빨라서 현실에 학문이 쓰이게 됨을 크게 이루지 못했으며, 함께 일하는 사람들 중 진실로 충성스럽고 현명한 사람이 많았지만, 명예를 좋아하는 선비가 섞인 것을 피할 수가 없었습니다. 논의가 너무 과격하고 일을 함에 차례가 없었고, 임금의 마음을 바로잡는 것을 근본으로 삼지 않고 다만 실속 없이 겉만 그럴 듯하게 꾸미기를 앞세웠습니다. 간사한 사람들이 분하여 이를 갈고 기회를 노리는데도 이를 알지 못하다가, 한밤중에 신무문[9]이 열리자 여러 현자가 한 그물 안에 모두 걸려들었습니다. 이 일이 있은 후 선비들의 사기가 꺾였고 나라의 명맥이 거의 끊어질 지경이 되었으니, 뜻이 있는 선비들의 탄식이 이때에 더욱 심해졌습니다. 그러나 인심은 본래 선한 것이고 공론은 없애기가 어렵습니다. 남곤(南袞)[10]과 심정(沈貞)[11]의 권세가 그치게 되자 사류의 맑은 논의가 일어나서 기묘사림을 다시 높여서 중종 말년에 학문하는 선비들이 조정에 많이 모이게 되었습니다.

이때에는 인종이 동궁에서 덕을 쌓고 있었는데, 평판이 일찍부터 널리 퍼져서 많은 사람들이 가뭄에 구름을 바라는 것 같이 바라면서 우러르고 받들다가 어느 날 갑작스럽게 즉위하자 사방에서 호응하였습니다. (상을 당하여) 미음만 드셔서 얼굴이 검었고, 호령을 하지는 않았지만 몸소 실천하는 교화가 이미 나라 전역에 미쳤습니다. 현자들은 임금의 총명을 우러러 믿고 모두 삼대의 다스림이 머지않아 회복될 것이라 여겼습니다. 어찌 하늘이 돌보지 않고 우리 임금을 빼앗아갈 것을 생각이나 했겠습니까? 간사하고 음흉한 사람들은 시세에 편승하여 어진 사람들을 베어 없애고 반역이라는 이름으로 함정을 만들었으니, 사류(士類) 가운데 약간의 지식이라도 있는 사람들은 (함정을) 벗어나지 못하였습니다. 을사사화로 나라가 망하고도 남았지만 왕조가 면면히 이어진 것은 진실로 선대 임금들이 쌓은 덕을 받았기[12] 때문이니 뜻있는 선비들의 탄식이 극에 달했습니다.

명종은 영민하고 총명하며 조숙하여 일찍이 덕을 잃는 일이 없었습니다. 그러나 이기[13]와 윤원형[14]의 무리가 임금의 총명을 가리어서 현자를 해치고 나라를 그릇되게 하니, 충신이 입을 다물어 말을 하지 않고 길 가는 이들이 눈으로만 알은체한 것이 20년입니다. 하늘이 임금의 뜻을 움직여 옳고 그름을 판단하게 하여, 윤원형은 죄를 받고 사림이 일어나게 되었으니 추운 겨울 뒤에 봄볕이 회복되는 것 같았습니다. 사직이 불행하여 선왕(先王)[15]이 죽으니 백성은 상을 당한 듯하였고, 온갖 신(神)들도 주인을 잃은 듯했습니다.

우리 임금은 선왕이 남긴 가르침을 삼가 받들어 익실(翼室)[16]에서 상을 치렀고, 맡겨진 중임을 이어받아 귀신과 사람의 여망에 맞추니 임금의 덕이 날로 드러나고 임금의 직무를 빠짐없이 행하시니, 지금이야말로 뜻있는 선비들이 능력을 펼칠 때입니다. 지금 국가의 형세는 비유하건대 기절한 사람이 겨우 깨어나 맥이 아직 안정되지 않고 원기가 회복되지 않은 것과 같습니다. 마치 서둘러 약을 써야 살아날 가망이 있는데도 혹자는 약이 되는 음식을 쓰지 않고 앉아서 저절로 낫기를 기다리자 하고, 혹자는 좋은 약을 당장 먹어야 하는데도 어떤 약을 써야 할지 몰라 팔짱을 끼고 사방을 둘러보며 어떠한 계책도 내지 못하고 있는 것과 같습니다. 그런즉 큰 병을 치른 뒤 후유증으로 감기에 쉽게 드는 이치처럼 결국에는 구제하지 못할 병에 걸려 죽은 뒤에야 그만둘 것입니다. 국가의 형세가 이처럼 위태로우니 녹을 먹는 신하들이 두려워하고 근심하여 구원해야 하지 않겠습니까?

간사한 자를 제거하고 현인을 등용하는 것이 중요한 까닭은 오래된 폐단을 없애고 새로운 혜택을 펴서 민생을 구원할 수 있기 때문입니다. 지금은 그렇지 못하여 남곤, 김안로[17], 이기, 윤원형 등이 나라를 그릇되게 하던 폐단을 아직 다 깨끗이 씻어내지 못했고, 백성에게 가혹하게 하는 엄한 법령도 개혁되지 못했습니다. 그런데도 눈앞의 안일함만 구하고 일하기를 싫어해서, 정사를 제대로 돌보지 않음이 조참(曹參)이 소하(蕭何)를 대신한 것과 같다면[18] 이는 온 나라를 망각에 빠뜨리는 것입니다. 군자나 소인의 사이에 한 치의 차이도 두지 않으니 아래로 백성의 곤궁함과 위로 하늘의 노함이 어찌 괴이하다고 하겠습니까?"

❀

제2부 '정치의 기준과 조선의 현실'을 논한 두 번째 장에서는 조선에서 옛 도학이 회복되지 않음을 논하고 있다. 앞 장에서 이이는 역사적으로 기자가 다스릴 당시를 제외하고는 도학이 실현되지 못했다고 보았다. 당연히 그에 걸맞은 임금과 신하도 없었다고 평가했다. 고려 말의 정몽주만을 유일하게 높이 평가했을 뿐 15~16세기 조선 시대 전반을 부정적으로 보았다.

그렇다면 왜 이토록 오랫동안 제대로 된 임금과 신하가 없었을까 하는 의문이 든다. 특히 조선의 경우 이전 왕조들과는 달리 유학, 성리학을 숭상하는 임금이 나라를 통치한 것으로 알려져 있는데, 과연 전혀 평가할 만한 인물이 존재하지 않았던 것일까? 동시대를 제외하고 이전

시대를 전부 부정하는 것은 가능할까?

이이는 이러한 의문을 염두에 두었던지 조선에서 자기와 같은 시대, 곧 선조 이전의 시대를 모두 부정하지는 않았다. 이 장에서는 그래서 선조 이전에 그래도 제대로 된 정치, 보편적인 정치로서의 도학 정치를 구현하려고 했던 노력이 어떻게 전개되었는지를 몇몇 임금의 사례를 들어 설명하고 있다. 이이가 예로 든 임금은 세종·문종·성종·중종·인종·명종 등이다.

일반적으로 성군으로 인정받는 세종에 대해 이이 역시 높게 평가하여 유학을 숭상하고 인재를 길렀으며 예악을 만들어서 후세에 미친 업적을 칭송하였다. 또 세종 대에 조선의 기틀이 마련되었다고 보았다. 그런데 흥미로운 점은 이런 훌륭한 임금을 보좌해 줄 뛰어난 신하, 곧 후직이나 설과 같은 신하들이 없었다고 본 것이다. 세종 대의 명신인 허조나 황희의 경우 다른 신하들에 비해 약간 뛰어났을 뿐 객관적인 눈으로 볼 때는 성군을 도울 만한 역량은 되지 못한다고 평가했다. 이러한 기준을 고려해 본다면 이상적인 정치를 구현할 주체로 이이는 성군보다는 오히려 '어진 신하'에 착목하였던 것이 아닌가 싶다.

또 하나 세종을 예로 들면서 자연스럽게 세종 이전의 임금인 태조와 정종, 태종은 언급하지 않음으로써 모두 평가의 대상이 되지 않음을 제시하였다. 태조는 조선 왕조를 개창한 임금으로 공업이 크기는 하지만 도학의 잣대로 보면 평가가 달라질 수 있음을 암시한 것이다. 태종 역시 언급하지 않았지만 왕자의 난을 두 차례나 주도한 이력을 고려하면 이이의 기준에 한참 미치지 못함을 예상할 수 있다.

세종의 아들인 문종 역시 일찍 세상을 떠나 은혜를 다 베풀지 못했다고 짧게 언급하고 있지만 평가 대상에 문종이 포함될 수 있음을 간접적으로나마 제시한 것이다. 문종 역시 세종을 도와 문치를 이루는데에 기여한 점을 고려할 때 충분히 타당한 평가다. 문종 이후 단종과 세조, 예종을 모두 건너뛴 것 역시 평가에서 제외할 만큼 부정적으로 본 것이다.

성종에 대해서는 세종과 맞먹는 뛰어난 자질을 가진 성군으로 평가하였다. 그럼에도 성종 역시 융성한 정치와 교화를 실현하지 못했다고 보았다. 세종 때와 마찬가지로 현명하고 유능한 대신이 없었기 때문이다. 세종 대의 허조와 황희 정도의 인물도 없다고 보았는지 아예 구체적으로 거론할 만한 인물도 제시하지 않았다. 대신 당시 신하들의 행태에 대해 전방위적으로 비판하였다. 임금과 신하가 함께 공부하던 경연에서 무식한 대신들이 제왕은 공부할 필요가 없다고 말했다든지, 공무를 제쳐두고 사사로운 일에만 몰두한다든지, 소신 없이 몰려다닌다든지 하는 행위를 비판했다.

성종에 이어 상세히 설명한 임금은 중종이다. 연산군이야 아예 평가의 대상이 될 수 없음은 충분히 짐작할 수 있는 바이지만 중종을 길게 서술한 것은 의문이 든다. 하지만 이이가 살았던 선조 대를 기준으로 보면 중종−인종−명종에 이르는 시기는 현대사에 해당한다. 선조 대를 설명하기 위해서는 반드시 짚고 넘어가야 하는 시기인 셈이다.

따라서 중종 개인에 대한 평가보다는 조광조를 비롯한 사림에 대한 평가가 주를 이룬다. 물론 중종에 대한 평가도 박하지 않다. 이이는 중종이 연산군의 폭정을 이어 왕위에 올랐지만 정치에 힘쓰고 현인을 등용한 점을 높이 샀다. 그 덕에 유림이 활발해지고 바야흐로 요순시대와 같은 이상적인 정치를 실현할 수 있는 가능성이 높아진 시기로 보았다.

이이가 보기에 중종 대의 어진 이는 조광조였다. 그런데 조광조에 대해서 이이는 그가 학문의 완성도에 비해 관직에 일찍 나아갔으며, 임금의 마음을 바로잡지 못한 한계를 지적하였다. 그래서 반대파에게 공격당하여 오히려 사화의 대상이 되었다. 결국 어진 임금을 보필할 수 있는 어진 신하였던 조광조가 제 실력을 발휘하지 못한 것이 실패의 결정적 원인이라고 할 수 있다.

인종 역시 재위 기간이 불과 1년도 되지 않았지만 그의 자질을 매우 높게 평가하며 몹시 안타까워한다. 인종이 세자 때부터 임금의 덕을 훌륭하게 쌓았으며 그의 즉위에 기대가 컸음을 지적하였다. 그래서 삼대의 이상정치를 실천하기를 바랐는데, 뜻하지 않은 병환으로 죽게 되었다고 했다.

그리고 무엇보다도 인종 사후의 을사사화를 매우 부정적으로 평가했다. 인종의 승하를 계기로 간신들이 시세에 편승하여 사류(士類)를 탄압한 사건을 을사사화라고 본 것이다. 그럼에도 나라가 유지될 수 있었던 것은 선대 임금들의 음덕 덕분이라고 평가했다. 실제로 을사사화로 화를 입은 이들이 선조 초반 정국을 재장악하였던 것을 고려한다면 을사사화에 대한 부정적인 평가는 당연할 수도 있다.

명종에 대해서는 총명하고 성숙한 자질을 가진 임금으로 인정했다. 그러나 이기와 윤원형과 같은 간신이 임금의 총명함을 가려 나라를 그

르쳤다고 보았다. 그 때문에 충신들의 출셋길이 20년이 지나서야 회복될 수 있었다고 했다. 이것은 명종 20년(1565) 문정왕후 사후에 사림 세력이 서서히 복권하게 된 사실을 염두에 둔 언급이다.

이러한 앞선 임금들의 평가에 이어 당대는 임금의 덕과 선비들의 능력이 만날 수 있는 절호의 시기라고 보았다. 다만 국가의 형세는 큰 병을 치른 뒤와 같아서 지금 어떻게 하느냐가 매우 중요하다고 지적했다.

이 같은 평가를 고려해 본다면 이이가 선조 이전의 조선 군주 가운데 세종과 성종에게 높은 점수를 주었음을 알 수 있다. 인종도 높은 평가를 받았지만 워낙 재위 기간이 짧았다. 중종이나 명종도 일정하게 자질을 평가받았다. 그런데 여기에서도 평가에 상관없이 임금을 나누는 기준은 어진 신하의 존재 여부다. 높이 평가했던 세종이나 성종도 이들을 제대로 보좌할 현명한 신하가 없는 점이 문제였고, 중종이나 명종도 결국 훌륭한 신하 대신 간신들이 조정을 장악한 탓에 상대적으로 저평가될 수밖에 없다고 보았다.

이상을 종합해 보면 이이가 선조 이전의 조선 군주들에게 한결같이 요구했던 것은 그들의 자질이라기보다는 진유를 알아보는 안목이다. 진유의 유무가 성공한 시대를 만들 가장 중요한 요소라고 볼 수 있다. 임금의 공덕은 곧 신하들에게 달려 있다는 것이 이이의 주장이다.

論我朝古道不復

客曰："旣往之芻狗，不必更陳，請論當代之事。"主人曰："諾。"客曰："當今聖上龍興，羣賢布列，百姓欣然想望太平者今三年矣，而民生之困瘁·風俗之薄惡·紀綱之不振·士習之不正，秋毫無變。以之天心未豫·水旱不時·日月薄蝕·星宿騁怪，其故何耶？"主人蹙頞良久曰："未易言也。"客曰："試言之。"主人曰："吾請爲子，泝其源而極言之。我太祖承王氏之衰，以神武啓運。繼統之君，乃有世宗，世宗之聖，前朝所無有也。嘉靖邦家，雨暘時若，崇儒重道，養育人材，制禮作樂，垂裕後昆，吾東之治，於斯爲盛。克至今日，遺澤未泯，我國萬祀之祚，肇基於世宗矣。獨恨夫上有堯·舜之君，下無稷·契之臣。如許稠·黃喜，皆流俗中稍秀者耳。無一人明先王之道，以輔聖主，斯民僅止於富庶，世道終愧於商·周，志士興嘆，始於此矣。文宗早歲施惠未終。傳至于成宗，英睿之質，卓冠千古，眞我東之聖主。而當國大臣，庸鄙無識，經幄論思之際，至發性情無心之說，尙復何望？當其時也，昇平日久，國富民給，大小臣僚，不以國事爲念，蕩然恣意於遊戲，樂放肆而憚拘撿，惡特立而喜雷同。雖逢有爲之主，不見治化之隆，流風遺俗，至今爲弊，志士之嘆，更發於斯焉。中宗承燕山殘虐之餘，勵精圖治，側席求賢，己卯年間，有若趙光祖，以性理之學，被眷遇之重，愛君如父，忘身徇國，旁招俊乂，開廣聰明，慨然有挽回世道，追蹤三五之志。儒林聳動，黎庶顒望，以爲咸熙之績，此屋之封，指日可見。獨惜夫光祖之出也太早，致用之學，尙未大成，共事之人，固多忠賢，而好名之士，未免雜進。論議太銳，作事無漸，不以格君爲本，徒以文具爲先。不知姦邪切齒，設機伺隙，神武之門夜開，而羣賢皆落于一網矣。自是之後，士氣摧傷，國脈垂絕，志士之嘆，於斯轉甚。然而人心本善，公論難滅，南袞·沈貞，氣焰纔息，士類清議, 復尊己卯, <u>中宗</u>末年, 學問之士, 多聚于朝。當是時也, <u>仁宗</u>養德東宮, 休聞夙播, 億兆仰戴, 望之如雲。一朝卽阼, 四方響應, 啜粥面墨, 不出號令, 而躬行之化, 已被於邦域矣。羣賢仰恃聖明, 皆以爲<u>三代</u>之治, 不久可復, 豈期旻天不弔, 奪我元后, 姦兇乘勢, 斬刈良善, 設叛逆之名, 以爲陷穽, 士類之稍有知識者, 無能得脫。乙巳之禍, 足以亡國, 而寶曆綿遠者, 良由祖宗積德之餘慶也, 志士之嘆, 於斯極矣。<u>明宗</u>英達夙成, 少無失德, 而<u>李芑</u>·<u>尹元衡</u>之徒, 壅蔽聰明, 賊賢誤國, 忠臣鉗口, 道路以目者垂二十年。天誘聖衷, 辨別是非, <u>元衡</u>得罪, 士林興起, 庶見春陽復回於葳貞之後。社稷不幸, 先王捐劍, 元元喪考, 百神無主。賴我今上恭承遺敎, 宅憂翼室, 受付畀之重, 協神人之望, 聖德日章, 袞職無闕。此正志士有爲之秋也。當今國家之勢, 譬如氣絶之人, 僅得蘇醒, 百脈未定, 元氣未復。汲汲投藥, 庶見生道, 而或以爲不用藥餌, 坐待自瘳, 或以爲當投良藥, 而不知某藥之可用, 拱手環視, 不施一計。則大病之餘, 風邪易中, 將必有不可救之危證, 以至於必死而後已也。國家之勢, 其危如此, 肉食之臣, 其可不惕然思有以救之乎? 所貴乎去姦而進賢者, 只爲除其舊弊, 布其新惠, 以救民生耳。今也不然, <u>南袞</u>·<u>金安老</u>·<u>李芑</u>·<u>尹元衡</u>誤國之遺弊, 未盡洗滌, 虐民之苛法, 未見改革。而方且偸安厭事, 無所建明, 若<u>曹參</u>之代蕭何, 則是擧一國而付之相忘之域矣。君子小人, 其間不能以寸, 下民之困, 上天之怒, 尙何怪哉?"

06

지금의 시세(時勢)를 논하다

손님이 물었다.

"삼대의 다스림을 과연 오늘날 회복할 수 있겠습니까?"

주인이 대답했다.

"회복할 수 있습니다."

손님이 입을 크게 벌리고 웃으며 말했다.

"어쩌면 말이 그토록 지나치십니까? 왕도가 행해지지 않은 것은 한(漢)나라부터였는데, 하물며 지금 사람들은 한나라보다 훨씬 후대 사람들이 아닙니까? 우리나라는 기자 이후로 다시는 선정(善政)이 없었고, 지금의 풍속을 살펴보면 오히려 고려 왕조보다도 못합니다. 만일 소강(小康)¹을 구하고자 한다면 어쩌면 가능하겠지만, 자기의 도를 행하고자 한다면 한갓 처사²의 큰소리나 될 뿐입니다."

주인이 낯빛이 변해 대답했다.

"그대의 말이 애석하군요! 말 네 마리가 끄는 마차도 선생의 혀를 따라잡지는 못할 것입니다.[3] 그대의 말처럼 행해진다면 장차 천하는 반드시 귀신과 도깨비의 소굴이 될 것입니다. 대체로 왕도가 행해지지 않은 것은 다만 임금과 재상이 그 적임자가 아니었기 때문입니다. 어찌 시대가 흘렀다고 하여 회복할 수 없는 것이겠습니까? 임금다운 임금이 있고 재상다운 재상이 있을 때 이는 회복할 수 있습니다. 정자는 '본래 사람이 없을 뿐이지, 어찌 때가 없는 것이겠습니까?'[4]라고 하였습니다. 진실로 어떤 일을 하면 반드시 그 공이 있으니, 어떤 일을 했는데도 공이 없는 것은 예로부터 지금까지 보지 못했습니다.

또 선생이 '지금의 풍속은 고려 왕조보다도 못하다'고 하였는데, 절대로 그렇지 않습니다. 전 왕조의 풍속은 오랑캐의 습속을 면하지 못했습니다. 우리 왕조는 백성을 예로써 이끄는 자못 아름다운 풍속이 있는데, 초상 때에 『가례』[5]를 사용하고 여자가 한 지아비만 따르는 것 등이 그러한 예입니다. 어찌 고려 왕조보다 못하다고 하겠습니까?

오늘날 나라에서 왕도정치를 행할 수 있는 가능한 조건이 두 가지가 있고, 불가능한 조건 역시 두 가지가 있습니다. 가능한 조건이란 첫째 위로는 성스럽고 밝은 임금이 있는 것이고, 둘째 아래로는 멋대로 권력을 휘두르는 간신이 없다는 것입니다. 불가능한 조건이란 첫째 사람들의 마음이 오랫동안 침체되었다는 것이고, 둘째 선비의 사기가 심하게 꺾여 있다는 것입니다."

손님이 말했다.

"그것에 관해 자세히 듣고 싶습니다."

주인이 말했다.

"주상(主上)께서는 용안(龍顔)이 빼어나고 자질이 뛰어납니다. 또 강인하고 총명하며 배우기를 좋아합니다. 공손하고 검소하며 선비를 사랑하시고 두 대비[6]에게 효도를 다하며 만기(萬機)[7]에 마음을 두시니 이는 진실로 불세출의 성군이십니다. 다스리는 도가 제대로 확립되지 않을까 하는 염려는 단지 임금다운 임금이 없을 때 하는 것인데, 이와 같은 임금이 있다면 어찌 이를 걱정하겠습니까? 이것이 첫째 조건입니다.

예로부터 임금이 비록 다스리는 도에 뜻을 두었더라도 만약 권신(權臣)이 제멋대로 하여 임금을 위협하면 비록 제대로 된 정치를 하려 해도 어떻게 할 도리가 없습니다. 우리나라 조선은 사병을 폐지한 이래로 이른바 반드시 임금의 총애에 의지한 권신들이 위세를 부렸지, 감히 임금을 능멸하거나 기강을 어지럽히지 못했습니다. 비록 남곤의 간특함, 김안로의 간사하고 음험함, 이기의 흉악함, 정순붕의 음흉하고 간사함, 윤원형의 교활하고 악독함, 이량의 어그러지고 망령됨이 있어도, 부르면 오고 물리치면 물러나는 것은 오직 임금의 명에 따른 것입니다. 하물며 이제는 간사한 무리가 모두 조정에 있지 않으니 임금께서 만약 뜻을 펴시고자 한다면 누가 감히 화를 일으키려는 마음을 품고 임금의 귀를 현혹[8]하겠습니까? 이것이 그 가능한 둘째 조건입니다.

이른바 사람들의 마음이 침체된 지 오래되었다는 것은 무슨 말이겠습니까? 아침저녁으로 보는 물건은 익숙하여 괴이하다고 여기지 않습니다. 그러나 먼 곳의 괴이하고 이상한 물건은 반드시 모두 놀라 그것을 손가락질하며 비웃을 것입니다. 왕도가 세상에서 행해지지 않은 지

수천 년이 되었으니 그 왕도를 알고 숭상하는 자가 몇이나 되겠습니까? 저 무식하고 식견 없는 무리는 유행하는 시속(時俗)[9]에 익숙하고 관례에만 안주하여 하루아침에 세상에서 왕도가 다시 행해지는 것을 보면, 장차 반드시 놀라고 또 그것을 괴이하게 여겨 먼 곳의 기이하고 이상한 물건을 본 듯이 할 것입니다. 온 세상에 대고 떠들어서 말할 수 없이 어지러워지면 임금의 굳게 먹은 마음도 반드시 보존된다고 장담할 수 없거니와 어진 사대부 중에서도 작은 것에 밝고 큰 것에 어두워지며, 편안한 것을 즐기고 뒤헝클어서 고치는 것을 꺼리는 자들이 역시 장차 일어나 유행하는 시속을 앞장서서 주장할 것입니다. 책임을 맡은 사람이 죄나 면하는 것을 다행으로 여기니, 무슨 일을 할 수 있겠습니까? 이것이 그 불가능한 첫째 조건입니다.

이른바 선비의 사기가 심하게 꺾여 있다는 것은 무슨 말이겠습니까? 국초에는 인재 양성에 심혈을 기울여 전 왕조보다 훨씬 나았습니다. 그러나 연산군 때에 임사홍이 불측한 마음을 품고 사림을 해치기 시작했습니다. 남아 있던 선비의 사기가 그래도 성하였으나 기묘년(1519)에 손상되었고, 그나마 면면히 이어지던 숨결이 을사년(1545)에 베어져 끊어졌습니다. 이때부터는 선(善)을 행하는 것을 서로 경계하였고, 악(惡)을 행하는 것을 서로 권하였습니다. 만약 한 선비가 조금이라도 남다른 능력이 있고 논의가 약간이라도 바르면, 부형(父兄)에게 꾸지람을 듣고 이웃에게 배척당했습니다. 오직 모호하고 분명하지 않은 태도[10]로 단지 부귀만 탐내는 자가 잘 먹고 편히 앉아서 녹봉과 작위를 누릴 수 있었습니다. 조정의 대소 신료들이 나라를 걱정하고 임금을 사랑하는 마음이 없는 것은 아니나, 기묘년과 을사년의 전철을 밟지 않기 위해 조심하느라 감히 정기(正氣)를 돕는 말은 한마디도 내지 못하였습니다. 다만 여우처럼 의심하여 결정을 내리지 못하고,[11] 쥐가 머리를 두리번거리듯 주저해서[12] 도리어 유행하는 세태를 조장할 뿐입니다. 이것이 그 불가능한 둘째 조건입니다."

손님이 물었다.

"불가능한 조건이 이미 이와 같다면, 삼대의 다스림을 회복하고자 해도 그 때가 아닌데, 선생은 회복할 수 있다고 하니 무슨 까닭입니까?"

주인이 대답했다.

"다스림과 어지러움은 사람에게 있지 때에 있지 않습니다. 때는 윗자리에 있는 사람이 만드는 것입니다. 만약 우리 임금께서 떨쳐 일어나 옛 도를 회복하고자 하신다면, 사람들의 마음을 침체 속에서 건질 수 있고 꺾인 선비의 기운도 회복하게 할 수 있습니다. 어찌 때가 아니라고 말할 수 있겠습니까?"

제2부 '정치의 기준과 조선의 현실'을 논한 세 번째 장에서는 선조 당시의 시세를 논하고 있다. 앞서 조선 이전은 말할 것도 없고 조선 전기의 임금조차 모두 부정하는 것은 무슨 이유에서였을까?

이이는 손님의 입을 통해 삼대의 이상 정치는 더 이상 추구할 수 없는 이상향이 아닌지 묻고 있다. 이미 수천 년 전에나 가능했던 일이 아니냐는 물음이다. 이러한 질문을 통해 정치를 바라보는 지나친 원칙주의에 대한 비판적인 시각을 누그러뜨리고자 했는지도 모르겠다. 이 질문에 대해 이이는 이전에는 그러한 노력을 하는 사람들이 없었을 뿐이니 '임금다운 임금, 재상다운 재상'이 있다면 불가능한 일이 아니라고 답하고 있다.

이이는 조선이 고려에 비해 분명 나아진 측면이 있다면서, 『주자가례』를 사용하는 것을 예로 들었다. 나아가서 이상적인 정치가 가능한 현재의 조건이 두 가지 있는데 이것이 모두 충족되어 있음을 지적했다. 첫째로 선조의 자질이 뛰어나다는 사실과, 둘째 권력을 휘두르는 간신이 없다는 조건에서 희망을 가져도 좋다는 사실을 지적하였던 것이다. 다만 오랫동안 제대로 된 정치를 경험하지 못했기에 사람들의 마음이 침체된 점, 또 이상 정치의 주체인 선비들의 사기가 을사사화 등으로 꺾인 점을 아쉽게 생각했다.

실제로 선조는 여러 모로 쉽게 왕위에 오를 수 있는 인물이 아니었다. 선조는 비록 왕자 출신이기는 하나 이미 덕흥군 때부터 서(庶) 계열로서 명백한 한계를 지니고 있었다. 그런 선조가 왕위에 오른 데는 이유가 있다. 어려서 하성군(河城君)에 봉해진 선조는 남다른 자질이 있었다고 한다. 명종(明宗)이 선조와 그의 두 형에게 자신이 쓰고 있던 관(冠)을 벗어서 차례로 쓰게 했다. 선조의 차례가 되자, 자신은 군왕(君王)이 쓰던 관을 신자(臣子)로서 감히 쓸 수 없다고 사양했다. 이에 감탄한 명종이 관을 주면서 임금과 아버지 중에 누가 더 중하냐고 묻자, "임금과 아버지는 똑같은 것이 아니지만 충(忠)과 효(孝)는 본래 하나입니다"라고 대답해 명종이 매우 기특하게 여겼다고 한다.

이 일화는 선조의 자질을 상징적으로 보여준다. 마침 순회세자(順懷世子, 1551~1563)를 잃고 후사(後嗣)가 없던 명종이 여러 왕자를 시험한 것으로, 이 일이 세자 책봉과 직결되었을 것이다. 명종은 순회세자의 상을 치르면서 재위 20년(1565)이 되는 해 9월에 목숨이 오락가락할 만큼 심한 병에 걸렸다. 이때 명종의 환후(患候)가 심상치 않자 영의정 이준경(李浚慶) 등이 세자를 세울 것을 청하였다. 이에 명종비 인순왕후(仁順王后)는 선조를 들여 시약(侍藥)하도록 했다.

병에 차도가 보이자 명종은 자신이 병석에 있을 때 인순왕후가 후사를 결정한 것에 대한 부담 때문에 새 왕자의 탄생을 기다려야 한다며 이를 번복하고자 했다. 이에 대해 민기(閔箕)와 이준경 등은『대학연의』의「정국본(定國本)」장을 예로 들어 세자가 정해지지 않으면 나라가 어지러워질 염려가 있다고 상언(上言)했다. 이 사건을 계기로 선조는 정식 왕자가 탄생하지 않을 경우 후왕으로 등극할 가능성이 누구보다도 높아졌다.

이듬해인 명종 21년(1566) 8월 왕손들의 교육을 맡을 만한 사부(師傅)를 뽑아 풍산도정(豊山都正) 이종린(李宗麟, 1536~1611)과 선조의 형인 하원군(河原君) 이정(李鋥), 하릉군(河陵君) 이인(李鏻), 그리고 하성군(河城君) 이균(李鈞: 선조)을 가르치게 한 것은, 곧 선조의 왕자 교육을 염두에 둔 조치였다. 이에 따라 이틀 뒤에 한윤명(韓胤明)을 왕손(王孫) 사부로 삼았다. 한윤명은 사림의 두터운 신망을 받았던 이로 선조가 잠저(潛邸)에 있을 때 그에게서『소학(小學)』을 배운 이력으로 교육을 맡게 되었는데 얼마 지나지 않아 세상을 떠났다. 그 뒤를 이어 윤희렴(尹希廉)과

정광필(鄭光弼)의 증손인 정지연(鄭芝衍)에게 가르치게 했다. 사림의 신망을 받던 한윤명과 기묘사화(己卯士禍) 때 조광조를 구하려고 했던 정광필의 증손 정지연에게 교육을 받음으로써 선조는 사림의 지지와 훈도(薰陶)속에 왕자로서의 성학(聖學)을 닦아나갔다.

이런 과정을 거친 선조는 다른 임금들과는 달리 뛰어난 자질을 갖춘 준비된 임금으로서 기대를 모았다. 이이가 이상 정치가 가능하다고 본 첫 번째 조건인 뛰어난 군주의 자질을 논하면서 선조를 강조한 이유다.

또한 이때에 사병(私兵)을 없애 권신들이 전횡을 일삼을 수 없게 만든 점을 높이 샀다. 비록 권력이 있는 신하들이라도 반드시 임금의 권력에 의지해야 하며 임금의 뜻을 거슬러서는 안 된다는 점을 강조했다. 더구나 이러한 권신들이 없어진 선조 초반은 임금의 의지 여하에 따라 얼마든지 이상 정치를 펼칠 수 있다고 보았다.

이이의 이런 자신감은 자신을 포함한 사림만이 새로운 군주제를 만들 수 있다는 의식의 소산이었다. 이것은 종래의 군주제와는 다른 것이다. 현실을 고려하지 않은 채 단지 도학(道學)이라는 정통성과 철학적이고 추상적 측면에서 제기된 주장이 아니었다. 새로운 군주제는 반드시 내용이 갖추어진 것이었다. 그래서 이이는 제대로 된 사람이 나타나면, 곧 당시의 임금인 선조가 분발하여 앞장서기만 하면 현재의 불리한 분위기나 꺾여진 선비들의 사기도 극복할 수 있음을 강조했다.

이이는 이상 정치는 시기의 문제가 아니라 이를 실행할 적임자의 문제임을 강조했다. 그 때문에 무엇보다도 임금의 자질이 문제가 되었던 것이다.

論當今之時勢

客曰:"三代之治, 果可復於今日乎?"主人曰:"可復矣。"客呀然笑曰:"何言之過也? 王道之不行, 自漢已然, 矧今之人, 不及漢遠甚乎? 東方則箕子之後, 更無善政, 度今之俗, 必不及前朝矣。若求少康, 則庶可矣, 欲行己道, 則徒爲處士之大言而已。"主人愀然曰:"惜乎, 吾子之言! 駟不及舌, 子說若行, 將必率天下, 歸於鬼魅之域矣。夫王道之不行者, 只是君相非人耳。豈以時代漸下, 欲復而未能歟? 有其君有其相, 則斯爲可復之時矣。程子曰:'自是無人, 豈是無時?' 苟爲其事, 必有其功, 爲其事而無其功者, 自古及今, 未之見也。且子以'爲今世之俗, 不及前朝'者, 是大不然。前朝之俗, 未免夷狄之習, 我朝以禮導民, 頗有美俗。若喪用《家禮》, 女士從一之類, 是也。烏可謂之不及前朝耶? 當今國家可爲之勢有二, 不可爲之勢亦有二焉。何謂可爲之勢? 上有聖明之君, 一可爲也; 下無擅權之姦, 二可爲也。何謂不可爲之勢? 一則人心陷溺之久也, 二則士氣摧挫之甚也。"客曰:"請聞其詳。"主人曰:"主上龍顏秀異, 聖質英毅, 聰明好學, 恭儉愛士, 盡孝兩殿, 存心萬機, 此眞不世出之聖君也。所患乎治道不立者, 只是無君耳, 有君如此, 則何患不治? 此其可爲之勢一也。自古人君, 雖或有志於治道, 而若有權臣擅制, 威脅君上, 則雖欲有爲, 末由也已。今我國家, 自廢私兵之後, 所謂權臣者, 莫非依寵而作威, 不敢陵上而干紀。雖以南袞之姦慝, 金安老之邪險, 李芑之兇惡, 鄭順朋之陰譎, 尹元衡之慘毒, 李樑之悖妄, 呼來斥去, 惟上所命。矧今羣姦, 皆不在朝, 自上若欲有爲, 則孰敢包藏禍心, 熒惑聖聰耶? 此其可爲之勢二也。所謂人心陷溺之久者, 何謂也? 今夫常人之情, 朝夕所見之物, 則恬不爲怪, 若夫遠方詭異非常之物, 則必羣駭而指笑之。王道之不行於斯世, 于今數千年矣。知其爲王道而尊尙之者, 有幾人哉? 彼貿貿無見之輩, 習於流俗, 安於故常, 一朝見王道之復行於世, 則將必駭且怪之, 不翅若見遠方詭異之物也。舉世呶呶, 不勝其擾, 則上心之堅定, 不可必保。而賢士大夫之小明大暗, 樂安靜憚紛更者, 亦將起而爲流俗之唱[13]矣。任責之人, 得免罪戾, 幸矣。安能有所爲耶? 此其不可爲者一也。所謂士氣摧挫之甚者, 何謂也? 國初育才之盛, 遠勝前朝, 燕山之世, 任士洪懷不測之心, 始戕士林。餘氣猶盛, 而殘傷于己卯, 尙有綿綿之息, 而斬絶于乙巳。自是厥後, 爲善者相戒, 爲惡者相勸。若有一士頭角稍異, 論議稍正, 則得責於父兄, 見擯於鄉鄰。惟是含糊鶻突, 只貪富貴者, 乃能美食安坐, 以享祿位。朝廷大小之臣, 非無憂國愛君之心, 而懍懍然以己卯·乙巳覆轍爲戒, 莫敢出一聲以助正氣, 但狐疑首鼠, 反助流俗而已。此其不可爲者二也。" 客曰: "不可爲之勢旣如此, 則欲復三代之治者, 非其時矣。子以爲可復, 何耶?" 主人曰: "治亂在人, 不係於時。時也者, 在上位者之所爲也。若我聖上奮然振起, 欲復古道, 則人心可拯於陷溺之中, 士氣可作於摧挫之餘。安可謂之非時耶?"

07

무실(務實)이 수기(修己)의 핵심

손님이 물었다.

"주상께서 삼대의 다스림을 회복하고자 하신다면 무엇을 먼저 힘써야 하겠습니까?"

주인이 대답했다.

"뜻을 세우는 것보다 앞서는 것은 없습니다. 예로부터 유위(有爲)의 일을 한 임금은 모두 먼저 자신의 뜻을 정하지 않은 경우가 없습니다. 왕도에 뜻을 두면 요순의 다스림과 교화가 모두 내 분수 안의 일이 될 것이고, 패도에 뜻을 두더라도 한나라와 당나라 정도의 소강(小康: 조금 안정됨)은 이룰 수 있을 것입니다. 그러나 옛사람들이 말하기를 '법으로 세금을 가볍게 거두도록 해도 그 폐단은 갈수록 탐욕을 초래해 무거워진다'[1]라고 하였는데 지금 만약 패도에 뜻을 둔다면 규범과 제도는 반드시 한·당보다 아래에 있을 것입니다. 어찌 뜻있는 선비들이 다시 탄식하지 않겠습니까?

이치를 궁리하고 본성을 다하는 것에 뜻을 두면 구차하게 약간의 성과를 위한 논의는 끼어들 틈이 없을 것입니다. 백성들을 새롭게 하는데 뜻을 두면, 세상의 일반적인 습속의 일정한 규칙만 지키자는 주장에 얽매이지 않을 것입니다. 아내에게 모범이 되는 데에 뜻을 두면 궁녀와 환관들이 제공하는 안락함에 마음이 움직이지 않을 것입니다. 검소함[2]에 뜻을 두면 수레와 말, 궁실의 아름다움에 마음이 움직이지 않을 것입니다. 널리 은혜를 베풀고 백성을 구제하는 데에 뜻을 두면 한 사람의 백성이라도 그 혜택을 받지 못하는 것이 모두 자신의 허물이라고 여길 것입니다. 예악(禮樂)을 닦고 밝히는 데에 뜻을 두면 한 가지의 정책이라도 옛 도에 부합하지 않는 것을 모두 자신의 허물로 여길 것입니다. 주상께서 진실로 이러한 뜻을 세우고자 하신다면 성인을 표준으로 삼아야 합니다. 성인을 표준으로 삼고 반드시 성인의 학문을 배우고자한 후에야 삼대의 다스림을 회복할 수 있을 것입니다."

손님이 물었다.

"뜻을 이미 세웠다면 무엇을 해야 합니까?"

주인이 대답했다.

"뜻을 세운 뒤에는 무실(務實)만 한 것이 없습니다."

손님이 물었다.

"무슨 말입니까?"

주인이 대답했다.

"아침 내내 밥상을 차려도 조금도 배부르지 않는 것처럼 공허한 말만 있을 뿐 실질이 없다면 어찌 일을 이룰 수 있겠습니까? 지금 저 경연의 자리와 상소하는 글에 나라를 다스릴 만한 좋은 지략과 곧은 논의가 없는 것은 아니지만 단 하나의 폐단도 개혁되지 않고 단 하나의 정책도 시행되는 것을 볼 수 없으니 이것은 실질적인 효과에 힘쓰지 않았기 때문입니다. 지금 우리 주상께서 옛 도를 회복함으로써 잘 다스리는 방도를 구하고자 하신다면 마땅히 실질적인 효과에 힘쓰고 형식을 일삼지 말아야 할 것입니다.

만약 사물의 이치를 궁구하여 앎을 이루려고[3] 한다면 독서를 할 때에는 그 의리(義理)를 생각하고, 일을 할 때에는 그 시비를 생각하고, 인물에 대해 논평할 때에는 그 간사함과 바름을 분별하고, 옛 역사를 두루 살필 때에는 그 득실을 따져야 합니다. 한 마디 말과 한 가지 행동에 이르기까지 모두 마땅히 그것이 이치에 부합하는지의 여부를 생각하여, 마음이 허명통철(虛明洞澈)하여 사물의 이치를 밝히지 않는 것이 없게 함으로써 그 격물치지의 실질을 이룰 수 있습니다.

만약 자신의 뜻을 진실되게 하고자[誠意] 한다면[4] 여색을 좋아하듯이 선을 좋아하여야 반드시 선(善)을 얻고, 악취를 싫어하듯이 악을 미워하여야 결단코 악(惡)을 제거할 수 있습니다. 조용히 혼자 있거나 어두운 곳에 숨어 있을 때에도 삼가고 두려워하기를 게을리하지 않고, 남들이 보지 않고 듣지 않을 때에도 경계하고 조심하는 것을 잊지 않아야 합니다. 생각할 때는 반드시 하나라도 지극한 정성에서 나오지 않음이 없어야 그 뜻을 진실되게 하는 실질을 이룰 수 있습니다.

만약 마음을 바르게 하고자[正心] 한다면 치우치지 않고 얽매이지 않아서 그 체(體)를 세우고, 지나치거나 미치지 못하는 것이 없게 하여 그 용(用)을 통달하게 해야 합니다. 항상 깨어 있어 어리석지 않아서 그 본래의 밝음을 온전하게 하고, 굳게 정하여 어지럽지 않아서 그 본래의 고요함을 보전해야 합니다. 확연(廓然)히 크게 공정하며 여러 가지 일을 대할 때 순리대로 응하여야 그 마음을 바르게 하는 실질을 이룰 수 있습니다.

만약 몸을 닦고자[修身] 한다면 의관을 바르게 하며, 시선을 신중하게 하고⁵, 음악과 여색을 멀리하며, 유람의 즐거움을 끊고, 태만한 기운을 몸에 두지 말며, 비루하고 어긋나는 말을 입에 담지 말아야 합니다. 법도를 따르고 예가 아니면 행동하지 않아야⁶ 그 수신의 실질을 이룰 수 있습니다.

만약 부모님께 효도하고자[孝親] 한다면 두 대비를 우러러 모셔서 섬김에 정성스럽지 않은 경우가 없도록 하며, 즐거움을 나누어 둘 사이에 벌어짐이 없도록 하여야 하며, 헐뜯고 간사한 자들을 끊으며 유쾌하고 부드러운 얼굴빛으로 매우 공경하고 조심함으로써 마음이 서로 합하고 기맥이 상통하게 하여야 합니다. 그러나 종묘의 예에는 지극히 공경하고 삼가 번잡하게 자주 일을 하지 말고 오직 마음을 감격하게 하여야⁷ 그 효친의 실질을 이룰 수 있습니다.

만약 집안을 다스리고자[治家] 한다면 몸소 실천하고 경(敬)으로써 힘써 통솔하고, 엄숙함으로 임하고, 자애로움으로 어루만져서, 후비들은 순일(純一)한 덕을 가지고 궁중은 엄숙하고 맑은 아름다움이 있도록 해야 합니다. 외부와 서로 통하여 일어나는 폐단은 그 싹을 자르고 내시

같이 천한 자들은 다만 물 뿌리고 청소하는 일을 담당케 하여야 그 집안을 다스리는 실질을 이룰 수 있습니다.

만약 현인을 쓰고자 한다면 널리 구하되 정밀하게 살피고 밝게 시험하여 환히 보아야 합니다. 그 현명함이 과연 틀리지 않았다면 그를 믿고 의심하지 말며 그를 임명하였으면 두 마음을 품지 말아야 합니다. 밖으로는 군신의 의리에 의탁하고 안으로는 부자의 정을 맺어, 그가 쌓아온 바를 펼치고 정성을 다하고 재주를 펼치게 하면 아첨하는 말은 행해지지 않고 모든 정무가 편안해져서 나라가 그 복을 받고 백성은 자기 자리를 얻을 수 있어 현명한 자를 쓰는 실질을 이룰 수 있습니다.

만약 간사함을 물리치고자 한다면 귀에 거슬리지 않는 말을 하는 자는 잘못된 것이 아닌지를 판단해야 하고, 행적이 공명하거나 바르지 않은 자는 그 숨겨진 간특함을 살펴야 합니다. 건의하는 바가 없는 자는 나라를 걱정하는 뜻이 없음을 알아야 하고, 작위나 녹봉에만 집착하는 자는 어려울 때 목숨을 바치는 절개가 없음을 알아야 합니다. 도학을 즐거워하지 않는 자는 장차 사림에게 화를 입힐 수 있음을 알아야 하고, 논하는 바는 독실하지만 속은 유약한 사람[8]은 강직함을 가장하여 비방하는 자임을 알아야 합니다. 그 행하는 바를 보아 그 의도를 관찰하고 그 좋아하는 바를 살펴서[9] 그가 간사한 것이 틀림없다면 그 경중에 따라 처벌하는데, 죄가 가볍다면 파직하고 무겁다면 변방으로 내쳐야 그 간사함을 물리치는 실질을 이룰 수 있습니다.

만약 백성을 보호하고자[保民] 한다면 생민(生民)의 부모로서 마음을 삼아 마땅히 백성을 갓난아이 대하듯 하는 것으로부터 시작해야 합니다. 무릇 갓난아이가 우물에 들어가려고 하면 아무리 원수라고 해도, 그 집안을 없애려는 것이 아니면 반드시 놀라 일어나 아이를 구할 것입니다. 하물며 부모의 마음이야 어떻겠습니까? 지금은 갓난아이가 우물에 빠진 지 오래되었는데도 구하지 않은 것이 여러 해이고, 마음 아파하는 정치도 보지 못했습니다. 다른 까닭이 아니라 주상이 생민의 부모 같은 마음에 이르지 못한 데에 원인이 있습니다. 진실로 생민의 부모로서 마음을 삼으면, 백성을 위해 이로운 것은 보존하고 해로운 것은 제거함에 장차 최선을 다하지 않음이 없을 것이니, 백성의 삶이 어찌 곤궁하고 병들 리가 있겠습니까? 걱정하고 근심하는 마음에 쉬거나 밥 먹을 겨를이 없고, 그 바라는 것을 구하여 반드시 들어주며, 그 폐단을 들어 반드시 없애주어야 그 백성을 보호하는 실질을 이룰 수 있습니다.

만약 가르쳐 변화시키고자[敎化] 한다면 먼저 실천하여 어질고 겸양하는 풍조를 일으키고, 공도(公道)를 넓혀 그 기강을 떨치며, 바르고 간사한 것을 분별하여 그 풍속을 변화시키고, 염치를 권하여 사기(士氣)를 진작시키며, 도학을 숭상하여 나아갈 방향을 정하고, 제사의 규정을 밝혀 번거로운 것을 고쳐야 합니다. 귀신은 하늘에서 감동하고 백성은 땅에서 응하니 삼강(三綱)이 서고 구주(九疇)[10]가 펼쳐져야 그 가르쳐 변화하는 실질을 이룰 수 있습니다.

주상께서 무실하는 공이 진실로 이런 경지에 이른다면 천심이 기뻐하고 화기(和氣)가 가득하고 재앙이 소멸되어 경사와 상서로운 일이 거듭될 것입니다. 아아! 우리나라 억만 년의 편안함은 주상의 무실에 달려 있습니다."

제3부 '정치의 방법과 실천'을 논한 첫 번째 장에서는 실질에 힘쓰는 것이 수기의 요점임을 논하고 있다. 제목은 수기만을 설명하는 것으로 되어 있으나 실제로는 격물에서부터 치국에 걸쳐 정치에 필요한 요소를 낱낱이 설명하고 있다.

이이는 왕도정치를 실현하기 위해서는 임금이 뜻을 세우는 입지(立志)가 가장 우선되어야 하며, 입지 이후에 수기(修己)를 함에 이치를 궁구하여 본성을 다하고, 백성을 새롭게 하고, 아내에게 모범이 되며, 검소하게 생활하며, 널리 베풀어 많은 이를 구제하며, 예악을 닦아 밝히는 일에 뜻을 두어야 한다고 하였다.

또한 형식보다는 실질에 힘쓰는 '무실(務實)'을 중시하는데, 무실의 내용은 격물치지(格物致知)·성의(誠意)·수신(修身)·효친(孝親)·치가(治家)·용현(用賢)·거간(去奸)·보민(保民)·교화(敎化)이다. 자세히 살펴보면 이 항목은 기존의『대학』에서 제시한 팔조목과는 차이가 있다.

우선 수신과 제가(여기에서는 치가) 사이에 효친을 둔 점이다. 또 치국의 영역을 상세하게 구분하여 용현(用賢)·거간(去奸)·보민(保民)·교화(敎化)의 넷으로 나누어 제시하였다. 다시 말해 치국의 핵심은 올바른 인재를 등용하고 간사한 신하를 내치는 것이다. 그리고 나서 백성을 보호하고, 가르쳐 변화하도록 해야 한다고 지적하였다.

이이의 이러한 기본적인 관점은『성학집요』의 서술에서도 비슷하게 반복된다.『성학집요』에서 이이는 수기(修己)─정가(正家)─위정(爲政)으로 크게 나누어 「위정」 편의 절반을 현인을 등용하는 방법에 관해 자세하게 논하고 있다. 그만큼 정치를 하는 데에 있어 현인의 등용을 중요하게 여겼다. 다만 『성학집요』에서는 간인이라는 표현보다는 군자−소인론에 입각하여 소인을 멀리할 것을 주문한 것에 비해 『동호문답』에서는 간인을 물리치는 것을 현인을 등용하는 것과 함께 중시하였다. 이는 『대학연의』에서 간사한 자를 분별하는 방법을 자세하게 제시한 것에 영향을 받은 것으로 보인다. 그렇다면 『동호문답』의 관점은 『대학연의』와 『성학집요』의 중간에 위치한다고 할 수 있겠다. 여하간 이이는 이장에서 수기만을 다루지 않고 격물부터 치국의 영역에 걸쳐서 실질적인 효과를 내는 정치의 방법을 다양하면서도 구체적으로 제시했다.

論務實爲修己之要

客曰: "主上欲復<u>三代</u>之治, 則當以何者爲先務?" 主人曰: "莫先於立志. 自古有爲之君, 莫不先定其志. 志乎王道, 則<u>堯</u>·<u>舜</u>之治化, 皆吾分內事也; 志乎霸道, 則<u>漢</u>·<u>唐</u>之小康, 亦可馴致矣. 然古人有言曰: '作法於涼, 其弊猶貪'. 今若以霸道爲志, 則規模制作, 必居<u>漢</u>·<u>唐</u>之下矣. 豈不復使志士興嘆乎? 夫以窮理盡性爲志, 則苟且少成之論, 不能入矣. 以作新斯民爲志, 則流俗守常之說, 不能拘矣. 以刑于寡妻爲志, 則婦·寺宴安之樂, 不能移矣. 以茅茨·土階爲志, 則輿馬·宮室之美, 不能動矣. 以博施濟衆爲志, 則一民之不被其澤者, 皆我之憂. 以修明禮樂爲志, 則一政之不合古道者, 皆我之病矣. 主上誠立此志, 則以聖人爲標準矣, 以聖人爲標準而必欲學之, 然後<u>三代</u>之治可復也." 客曰: "志旣立矣, 當何所事?" 主人曰: "立志之後, 莫如務實." 客曰: "何謂也?" 主人曰: "終朝設食, 不得一飽, 空言無實, 豈能濟事? 今夫經席之上, 章奏之間, 非無嘉謀讜論, 足以治國, 而未見一弊之革, 一策之施者, 只是不務實效故也. 今我主上, 必欲求治, 以復古道, 則當務實效, 不事文具. 如欲格物致知, 則或讀書而思其義理, 或臨事而思其是非, 或講論人物而辨其邪正, 或歷覽古史而求其得失, 至於一言一動, 皆當思其合理與否. 必使方寸之地, 虛明洞澈, 無物不格, 以盡其格致之實. 如欲誠意, 則好善如好好色而必得之, 惡惡如惡惡臭而決去之. 幽獨隱微之中, 敬畏無怠, 不覩不聞之時, 戒懼不忘. 必使念慮之發, 莫不一出於至誠, 以盡其誠意之實. 如欲正心, 則不偏不倚, 以立其體; 無過不及, 以達其用; 惺惺不昏, 以全其本明; 凝定不亂, 以保其本靜, 廓然而大公, 物來而順應, 以盡其正心之實. 如欲修身, 則正其衣冠, 尊其瞻視, 遠聲色之好, 絕游觀之樂, 怠慢之氣, 不設於體, 鄙倍之言, 不發於口, 循蹈規矩, 非禮不動, 以盡其修身之實。如欲孝親, 則仰承兩殿, 無事不誠, 交歡無間, 絶其讒慝, 愉色婉容, 洞洞屬屬, 以致精神相孚, 氣脈相通。而至於宗廟之禮, 極其敬謹, 不以煩數爲務, 惟以感格爲心, 以盡其孝親之實。如欲治家, 則以身爲教, 勖帥以敬, 莊以蒞之, 慈以撫之, 以致后妃有純一之德。宮壼有肅清之美, 交通之弊, 絶其萌芽。刀鋸之賤, 只供灑掃, 以盡其治家之實。如欲用賢, 則博採而精鑑, 明試而灼見, 其賢果不誣也, 則信之勿疑, 任之勿貳。外託君臣之義, 內結父子之情, 使之展布所蘊, 悉誠竭才。讒言不行, 庶政乃乂, 國受其福, 民獲其所, 以盡其用賢之實。如欲去姦, 則言不逆耳者, 求諸非道; 迹不明正者, 觀其隱慝; 無所建白者, 知其無憂國之志; 愛惜爵祿者, 知其無死難之節; 不喜道學者, 知其將禍士林; 論篤內荏者, 知其訐以爲直。視其所以, 觀其所由, 察其所安, 其姦果不虛也, 則隨其輕重而罪之。輕則至於廢棄, 重則投諸四裔, 以盡其去姦之實。如欲保民, 則以父母生民爲心, 視之當如赤子。夫赤子之入井, 雖仇怨之人, 苟不至於欲滅其家, 則必驚起而救之。況其父母之心乎? 當今赤子之入井, 久矣, 寂寥數年, 不見如傷之政者。無他, 主上父母生民之心, 猶有所未至故也。誠以父母生民爲心, 則爲之存利而去害, 將無所不用其極矣。民生豈有困瘁之理乎? 所當憂勤惕念, 不遑暇食, 求其願欲而必遂之, 咨其弊瘼而必除之, 以盡其保民之實。如欲教化, 則先躬行以興其仁讓; 恢公道以振其紀綱; 別淑慝以變其風俗; 勵廉恥以作其士氣; 崇道學以定其趨向; 明祀典以改其煩瀆。以致神格于上, 民應於下, 三綱立而九疇敍, 以盡其教化之實。主上務實之功, 苟至於此, 則天心悅豫, 和氣充塞, 災沴消滅, 慶祥疊至矣。嗚呼! 東方億萬年無疆之休, 其在主上之務實歟?"

간사한 자를 분별함이
용현(用賢)의 요체

손님이 물었다.

"주상께서 홀로 다스릴 수 없으므로 반드시 보좌하는 자의 도움을 받아야 치도(治道)를 이룰 수 있습니다. 그렇다면 보좌하는 책임을 장차 어떤 사람에게 주어야 합니까?"

주인이 대답했다.

"주상께서 이미 큰 뜻을 세우고, 실질적인 효과를 거두기에 힘쓴다면 묘당(廟堂)[1]의 원로대신과 아침 일찍부터 저녁 늦게까지 조정에서 일하는 현인들이 어찌 나와서 호응하지 않겠습니까? 만약 뜻을 세우고 실질에 힘써서 자신을 닦고 나라를 바로잡고자 하는 자가 있다면 바로 그 자가 적임자일 것입니다."

손님이 물었다.

"조정의 신하들 중 비록 자신을 닦고 나라를 바로잡고자 하는 자가 있더라도 주상께서 그가 과연 믿을 만한 사람인지를 어떻게 알 수 있습니까?"

주인이 대답했다.

"구름은 용을 따르고 바람은 호랑이를 따르는 법이니,[2] 훌륭한 군주가 있다면 반드시 그에 걸맞은 신하가 있는 법입니다. 예로부터 성스럽고 현명한 임금이 큰 뜻을 이루려면, 반드시 여러 신하를 두루 관찰하여, 그가 현명한지 여부를 자세하게 살폈습니다. 그가 현명하다고 판단되면 막역한 친구처럼 서로 마음을 터놓았으며, 현명하다는 믿음이 생긴 후에는 큰 임무를 주어 공을 이루는 책임을 맡겼습니다.

우리나라의 역대 선왕들과 여러 신하들은 한 집안의 부자(父子)와 같이 서로 사랑하였습니다. 그러므로 신하들은 은덕에 감격하여 죽을힘을 다하였습니다. 지금 주상께서는 단지 경연에서만 현명한 신하들을 대하시는 데다가, 예는 엄하고 말이 간략해서 신하들은 행렬을 따라 들어갔다가 줄지어 물러나므로 신하들의 뜻이 모두 전달되기 어려우니, 임금이 현명하더라도 어찌 다 알아보겠습니까? 이와 같이 지난날의 전철을 고수하고 한낱 형식만을 따른다면 주상께서는 신하들이 현명한지의 여부를 끝내 살피지 못할 것이니 어찌 인재를 얻어 정치를 할 수 있겠습니까? 지금의 계책은 그 상투적인 규칙을 고치고 번거로운 의식을 간략히 하여 경연 이외에도 신하들을 만나 조용히 도를 논하여 정무에 반영하는 것만 한 방법이 없습니다. 주상께서는 침묵만 지키고 있지 마시고, 그들과 함께 메아리치듯이 의견을 주고받으시면 위아래에서 서로 믿고 통할 것입니다. 대체로 이와 같이 한다면 간사함과 올바름이 임금의 심판을 피하기 어렵고, 등용과 내침이 임금의 판단에서 자연스럽게 정해져서 성스러운 덕을 이루시는 데에 크게 도움이 될 것입니다. 정자(程子)는 '임금이 하루에 현명한 사대부를 만나는 시간이 많고, 환관과 궁첩을 가까이 하는 시간이 적으면 기질을 함양하고 덕성을 훈도할 수 있다'라고 하였으니, 이는 참으로 만고(萬古)의 약석(藥石)과 같은 좋은 말입니다."

손님이 물었다.

"올바른 사람은 사악한 사람을 가리켜 나쁘다고 하고, 사악한 사람은 올바른 사람을 가리켜 나쁘다고 하니, 무슨 방법으로 가릴 수 있습니까?"

주인이 대답했다.

"이는 어렵지 않습니다. 군자가 소인을 공격할 때에는 말이 순하고 이치가 바르며, 소인이 군자를 공격할 때에는 말이 어렵고 이치에 어긋납니다. 소인의 악은 훤히 볼 수 있으니, 어떤 사람은 재물과 이익에 때가 묻었고, 어떤 사람은 윤리에 어긋나고, 어떤 사람은 사사로움을 따르고 공정함을 없애며, 어떤 사람은 현명한 사람을 막고 나라를 병들게 합니다. 흉과 악함을 낱낱이 들 수가 없을 정도로 많으나 그 큰 요체는 모두 드러나 지적할 수 있으니 보거나 말하기에 어렵지 않습니다. 군자의 경우는 그렇지 않으니 마음으로 말하자면 바르고 곧아서 왜곡이 없고, 행실로 말하자면 결백하여 흠이 없고, 절개로 말하자면 굳건하여 굽힘이 없습니다. 간혹 진실로 덕을 이룬 선비가 아닌 경우는 작은 결점이 있을 수 있으나, 또한 이것은 기질의 치우침에서 나왔을 뿐이지 소인들이 방자하게 악을 행하고 거리낌이 없는 것과는 다릅니다.

　이 때문에 소인이 군자를 공격할 때에는 반드시 따로 명목을 세워서 주상의 귀를 미혹할 것입니다. 군자가 성리의 학문에 푹 빠져 선현의 가르침을 높이고자 하면, 그것을 가리켜 위학(僞學)[3]이라고 할 것입니다. 몸을 닦아 의(義)를 행하여 그 떳떳한 윤리를 밝히고자 하면 그것을 가리켜 위선(僞善)[4]이라고 할 것입니다. 임금을 인도해 도(道)에 합당하게 하여 삼왕오제의 다스림을 실천하고자 하면 그것을 가리켜 고담준론(高談峻論)으로 세상을 그르친다고 할 것입니다. 비분강개해 일을 논하여 유속의 폐단을 바로잡고자 한다면 그것을 가리켜 경솔하게 일 만들기를 좋아한다고 할 것입니다. 동지(同志)들을 이끌어 함께 국사를 다스리고자 하면 그것을 가리켜 붕당을 결성한다고 할 것입니다. 선을 좋아하고 악을 증오하여 탁류(濁流)를 물리치고 청하(淸下)를 일으키고자 하면[5] 그것을 가리켜 자신과 다른 것을 배척한다고 할 것입니다. 올바름을 지켜 흔들리지 않아서 공도(公道)를 높이고자 하면 그것을 가리켜 국가의 권력을 마음대로 제어한다고 할 것입니다. 임금 앞에서 직언하여 임금의 덕을 돕고자 하면 그것을 가리켜 임금에게 불경(不敬)하다고 할 것입니다. 반드시 예로써 나아가고 많은 녹봉을 돌아보지 않으면 그것을 가리켜 임금에게 비싼 값을 구한다고 할 것입니다. 도가 이미 행해지지 않아 은퇴하면 그것을 가리켜 원망하고 불손하다고 할 것입니다. 이런 겉만 꾸미는 말과 거짓된 말을 낱낱이 다 들어 말할 수는 없으나, 큰 요체는 교활하고 음란하고 간사하고 숨기지 않는 것이 없다는 것입니다. 눈 밝은 사람이 한 번 비추면 그들의 속까지 볼 수 있는 것과 같습니다."

손님이 물었다.

"소인의 행태를 과연 쉽게 볼 수 있습니까?"

주인이 대답했다.

"다만 임금께서 욕심이 있을까 두려울 뿐 임금께서 욕심이 없다면 소인들이 어떻게 좌복(左腹)[6]에 들어가겠습니까? 지금 주상께서 막 정치를 시작할 때[7] 바야흐로 모든 정사가 새롭고 군자와 소인들이 각기 바라는 바가 있습니다. 만일 주상께서 물욕에 얽매임이 없고 오직 다스리는 도를 익힌다면 군자들이 소망하는 바를 얻을 것이나, 만일 사사로운 욕심이 점점 성심(聖心)에서 싹튼다면 소인들이 틈을 엿보아 또한 파고들 길이 많을 것입니다.

주상께서, 만약 낳아주신 사친(私親)[8]을 높이는 사사로운 마음이 싹튼다면 소인들이 반드시 틈을 엿보아 '가정(嘉靖) 황제[9]를 본받으라'는 말로써 임금을 현혹할 것이요, 도학을 듣기 싫어하는 사사로운 마음이 싹튼다면 소인들이 반드시 틈을 엿보아 '거짓 유학자들의 헛된 말에는 실질이 없다'는 말로써 임금을 현혹할 것이요, 직언을 기뻐하지 않는 사사로운 마음이 싹튼다면 소인들이 반드시 틈을 엿보아 '대간들을 다 믿을 수는 없다'는 말로써 임금을 현혹할 것이요, 인습을 따르고 구차하게 편안하고자 하는 사사로운 마음이 싹튼다면 소인들이 반드시 틈을 엿보아 '국가가 잘 다스려지고 있으니 걱정이 없다'는 말로써 임금을 현혹할 것이요, 외척에게 기대어 그를 중히 여기는 사사로운 마음이 싹튼다면 소인들이 반드시 틈을 엿보아 '인척 관계에 있는 신하가 가장 믿고 맡길 만하다'는 말로써 임금을 현혹할 것이요, 환관을 총애하고 가까이하는 사사로운 마음이 싹튼다면 소인들이 반드시 틈을 엿보아 '집안의 종은 비록 귀해져도 쉽게 제어할 수 있다'는 말로써 임금을 현혹할 것이요, 망령된 제사로 복을 구하는 사사로운 마음이 싹튼다면 소인들이 반드시 틈을 엿보아 '도교와 불교의 화복설(禍福說)은 거짓이 아니다'는 말로써 임금을 현혹할 것이요, 음악과 여색을 즐기는 사사로운 마음이 싹튼다면 소인들이 반드시 틈을 엿보아 '편한 자세로 뜻을 펴 즐거움을 누리시라'는 말로써 임금을 현혹할 것입니다. 그릇된 방법을 다 헤아릴 수는 없으나, 큰 요체는 모두 성상의 총명을 가려 막고 스스로 그 이익을 도모한다는 것입니다.

만약 주상께서 사물을 탐구하여 앎을 이루어서 천리(天理)를 연구한다면 저 소인의 실상이 조금이라도 밝혀지지 않을 수 없고, 선을 좋아하고 악을 미워하여 그 마음을 공정하게 하신다면 군자가 크게 도모하는 것에 부합하지 않는 것이 없을 것입니다. 이 때문에 간사함을 분별하는 데에는 이치를 탐구하는 것보다 더 좋은 것이 없고, 현명함을 살피는 데에는 마음을 공정하게 하는 것보다 더 좋은 것이 없으니, 이치를 탐구하고 마음을 공정하게 하는 데에는 욕심을 적게 하는 것으로 근본을 삼습니다."

제3부 '정치의 방법과 실천'의 두 번째 장에서는 간인을 분별하는 것이 현인을 등용하는 요점이 됨을 논하고 있다. 이 장에서는 특별히 앞

장에서 지적한 치국의 방법 가운데 '용현'의 방법을 구체적으로 제시하고 있다.

이이는 현인을 등용하기 앞서 과연 누가 현인인지를 묻는다. 현인을 알아야 등용할 수 있기 때문이다. 현인의 등용이 나라를 다스림에 있어 가장 중요한 일이므로 이는 피해 갈 수 없는 핵심 질문이다.

이이는 현인을 한마디로 '뜻을 세우고 실질에 힘써서 자신을 닦고 나라를 바로잡고자 하는 사람'이라고 하였다. 동시에 비록 그러한 사람이 있더라도 임금이 어떻게 그를 신뢰하고 등용할 수 있는지 그 방법도 제시했다. 곧 임금은 여러 신하를 두루 관찰하고, 현명한지 아닌지를 살핀 다음 막역하게 사귀고 서로 마음을 터놓으며, 현명하다는 믿음이 생기면 큰 임무를 주어 책임을 맡게 해야 한다고 하였다.

그러면서 이이는 현재 선조가 신하를 대하는 태도에 문제가 있음을 지적하였다. 즉 단지 신하를 접하는 시간이 경연 정도에만 국한된 데다 형식에 얽매여서, 신하들도 줄지어 들어갔다가 나오기만 하고 상투적인 의식과 규칙에만 매몰되어 있다는 것이다.

나아가 현실에서 사악한 사람과 올바른 사람을 구분하기가 쉽지 않음을 손님의 질문을 통해 드러내면서 그 해결 방법을 제시하였다. 예를 들어 군자와 소인이 다툴 때에 군자가 소인을 공격하는 말은 이치에 맞지만 반대의 경우는 이치에 어긋난다고 하였다. 소인의 악행은 재물을 탐하고 윤리에 어긋나고, 사사로움을 따르며 현인을 가로막아서 그 실태를 훤히 볼 수 있다고 하였다. 그에 비해 군자의 말은 바르고 곧으며, 행동은 결백하고 절개가 굳건하다. 간혹 잘못이 있더라도 기질의 치우침에서 나오는 작은 결점임을 지적했다.

그래서 소인은 군자를 공격하는데, 그들은 군자가 어떠한 행동을 하더라도 위학(僞學)이니 위선(僞善)이니, 혹은 고담준론이나 경솔한 일, 붕당을 결성하는 일 등으로 치부하기가 쉽다고 하였다. 또 소인은 임금이 조금이라도 틈을 보이면 임금의 비위에 맞추어 어떻게 해서라도 그 사이를 비집고 들어가려고 한다고 비판했다.

특히 선조가 서(庶) 계열로 등극하였기에 사친(私親)을 높이려고 하는 마음을 조금이라도 보인다면 명나라의 가정(嘉靖) 황제처럼 유혹에 빠질 것이라고 충고하기도 했다. 가정 황제는 생부모에 대한 존호(尊號)·제사(祭祀) 등의 대례(大禮) 문제로 4년간이나 조신(朝臣)들과 다투었다. 이 과정에서 자의적인 경향이 강해지면서 정치가 이완(弛緩)되고 부패해졌다. 북방에서는 원(元)나라 다얀 칸의 손자 알탄 칸이 이끄는 몽골족이 위협했으며, 남쪽에서는 왜구가 장쑤·저장 두 성의 해안지대를 중심으로 노략질을 일삼았다. 나라 안팎의 상황이 이렇게 좋지 않은데도 그는 도교(道敎)에 심취하여 엄숭(嚴嵩) 등의 난정(亂政)을 초래했다. 이런 점을 고려하면 이이의 충고는 가정 황제가 나라를 잘못 이끈 것은 결국 사친을 높이려는 데서 출발했다는 경고를 담고 있다.

결론적으로 이이는 격물치지를 통해 천리를 연구하면 소인의 실상을 밝힐 수 있고, 선을 좋아하고 악을 미워하여 마음을 공정하게 한다면 군자가 도모하는 것에 부합할 수 있다고 하였다. 이치를 탐구하고 마음을 공정하게 하는 것, 이 두 가지를 곧 간사한 사람을 분별하고 현인을 등용하는 열쇠로 제시한 것이다.

論辨姦爲用賢之要

客曰："主上不能獨理, 必資輔佐, 以成治道矣。輔佐之責, 將畀何人耶?"主人曰："主上旣立大志, 務求實效, 則廟堂老成之人, 朝著夙夜之賢, 豈無起而應之者乎? 如有立志務實, 欲修己而正國者, 則乃其人焉。"客曰："廷臣雖有修己而正國者, 主上何以知其果可信耶?"主人曰："雲從龍·風從虎。苟有其君, 必有其臣矣。古之聖賢之君, 欲逐其大有爲之志, 則必遍觀羣臣, 深察其賢否, 見其賢也則與之, 交接無閒, 肝膽相照。果信其必賢也, 然後授之大任, 責其成功焉。至如我朝祖宗, 與羣臣親愛, 如家人·父子, 故羣臣感恩懷德, 竭其死力焉。如今主上, 只於經筵, 接待賢士, 禮嚴言簡, 隨行而進, 逐隊而退。羣下之情, 難以悉達, 聖上之明, 豈能悉照乎? 若此循途守轍, 徒事文具, 則羣臣之賢否, 主上終有所未察矣。安能得人而爲政耶? 當今之計, 莫若變其常規, 略其煩儀, 經筵之外, 亦接儒臣, 從容論道, 以及政務, 自上不以沈默爲儀, 與之酬酢如響, 上下之情, 交孚洞達。夫如是, 則邪正難逃於天鑑, 用捨默定於聖權, 而其於成就聖德, 大有助焉。程子曰:'人主一日之閒, 接賢士大夫之時多, 親宦官宮妾之時少, 則可以涵養氣質, 薰陶德性。'此言眞萬古之藥石也。"客曰："正人指邪人爲邪, 邪人指正人爲邪, 何術而可辨耶?"主人曰："是不難。君子之攻小人, 辭順而理直; 小人之攻君子, 辭難而理迂。小人之惡, 昭然可見。或黷于貨利, 或悖于倫理, 或循私滅公, 或妨賢病國。羣疵衆愿, 不可枚擧, 而大要皆表表可指, 非難見而難言者也。君子則不然。以言其心則正直無曲, 以言其行則潔白無瑕, 以言其節則耿介不屈。其閒苟非成德之士, 則或未免有小玷, 而亦出於氣質之偏耳。非若小人肆於爲惡而無所忌憚也。是故, 小人之攻君子也, 必別立名目, 以惑上聽焉。君子潛心性理之學, 欲遵先正之訓, 則目之以僞學焉。修身行義, 欲明其彝倫, 則目之以僞善焉。引君當道, 欲躋三五之治, 則目之以高談誤世焉。忼慨論事, 欲矯流俗之弊, 則目之以浮薄喜事焉。引進同志, 欲與共治國事, 則目之以朋黨締結焉。好善嫉惡,激濁揚淸, 則目之以排斥異己焉。守正不撓, 欲扶公道, 則目之以專制國柄焉。面折廷爭, 欲補君德, 則目之以不敬君上焉。進必以禮, 不顧萬鐘, 則目之以要君索價焉。道旣不行, 奉身而退則, 目之以怨懟不遜焉。飾辭假說, 不可枚擧, 而大要莫不詆淫邪遁。明者一燭, 如見其肺肝矣。”客曰:“小人之情狀, 果可易見乎?”主人曰:“只恐人君有慾耳。苟使人君無慾, 則小人何自而入于左腹耶? 今夫主上訪落之日, 方新庶政, 君子·小人, 各有所望。若主上無累於物欲, 惟治道是講, 則君子之望得矣。如有私欲稍萌于聖心, 小人之伺隙, 亦多岐路矣。主上若萌尊崇所生之私, 則小人必伺隙, 而以<u>嘉靖皇帝</u>爲法之說, 進惑聖聽矣。若萌厭聞道學之私, 則小人必伺隙, 而以假儒空言無實之說, 進惑聖聽矣。若萌不悅直言之私, 則小人必伺隙, 而以臺諫不足盡信之說, 進惑聖聽矣。若萌因循苟安之私, 則小人必伺隙, 而以國家已治無虞之說, 進惑聖聽矣。若萌倚重外戚之私, 則小人必伺隙, 而以親臣最可信任之說, 進惑聖聽矣。若萌寵昵宦寺之私, 則小人必伺隙, 而以家奴雖貴易制之說, 進惑聖聽矣。若萌妄祭求福之私, 則小人必伺隙, 而以仙·佛禍福不誣之說, 進惑聖聽矣。若萌聲色嗜欲之私, 則小人必伺隙, 而以高枕肆志寵樂之說, 進惑聖聽矣。旁岐曲逕, 不可悉數, 而大要皆欲蔽塞聖聽, 自圖其利。若主上格物致知, 以窮天理, 則彼小人之情狀。無微不燭, 好善惡惡, 以公其心, 則君子之謨猷, 無言不合。是故, 辨姦莫善於窮理, 見賢莫善於公心。窮理公心, 以寡欲爲本。”

09

백성을 편안하게 하는 방법

손님이 물었다.

"이미 간사한 것과 바른 것을 분별하여 적임자를 얻어 정치를 하면, 그다음에는 무엇을 해야 합니까?"

주인이 대답했다.

"먼저 잘못된 법을 개혁하여 민생을 구해야 합니다. 잘못된 법을 개혁하고자 하면 마땅히 언로(言路)를 넓혀서 좋은 방책을 모아야 합니다. 위로는 고관으로부터 아래로는 노비에 이르기까지 모두 당면한 문제점을 각자 말하도록 하여 그 말이 과연 쓸 만한 것이라면, 신분의 높고 낮음에 상관없이 취해야 합니다. 또 해당 관청이 다른 관청의 계(啓)를 막고 자신만이 올리는 관례를 따르지 못하게 해야 합니다. 오직 잘못된 법을 모조리 혁파하는 것을 목표로 삼아야 하니, 그런 후에야 나라에 희망이 있을 것입니다."

손님이 물었다.

"선생은 백성을 구하기 위해서는 잘못된 법을 혁파해야 하다고 하셨습니다. 지금의 잘못된 법 가운데 무엇이 백성들의 가장 큰 근심입니까?"

주인이 대답했다.

"일족절린(一族切鄰)의 폐해가 첫 번째이고, 진상번중(進上煩重)의 폐해가 두 번째이고, 공물방납(貢物防納)의 폐해가 세 번째이고, 역사불균(役事不均)의 폐해가 네 번째이고, 이서주구(吏胥誅求)의 폐해가 다섯 번째입니다.

'일족절린'의 폐해는 무엇을 말하는 것이겠습니까? 지금 도망친 백성이 하나라도 있으면, 반드시 그 일족과 온 이웃을 침해합니다. 일족과 이웃이 감당할 수 없으면 또 흩어지게 되고 그러면 또 그 일족의 일족을 침해하고, 이웃의 이웃을 침해합니다. 한 사람이 도망치면 근심이 천 가구에 이르러, 반드시 백성이 단 한 사람도 없는 지경이 되어야 상황이 그칠 것입니다. 그런 까닭으로 예전에 백 호가 되던 마을이 지금 열 호도 없고, 작년에 열 호가 있던 마을이 지금 한 호도 없어서, 마을이 조용하고 인가에는 밥 짓는 연기가 보이지 않으니 곳곳마다 그렇지 않은 곳이 없습니다. 만일 이 잘못된 법을 고치지 않으면, 나라의 근본이 뒤집히고 나라를 다스리지 못하게 될 것입니다. 이 잘못된 법을 고치고자 한다면 사방의 모든 고을에 명을 내려 그 문서와 장부를 검토하여, 만일 도망해서 집에 아무도 없으면 그 이름을 일일이 다 지워서 일족과 이웃을 침해하지 못하게 해야 합니다. 그러면 국가에서 잃어버리는 것은 단지 이미 도망한 사람뿐이고 아직 흩어지지 않은 백성은 편안하게 모여 살 수 있습니다. 백성을 잘 길러서 호구가 많아지면, 다 채우지 못한 군인의 숫자도 가까운 시일 내에 채울 수 있을 것입니다."

손님이 물었다.

"이 대목이네요, 선생의 우활한 점이! 지금 군인의 숫자와 그에 속한 문서에는 없어진 호구가 절반입니다. 만일 선생의 말대로 하면 목전에 닥친 백 가지 필요에 대응할 수가 없습니다. 어찌하시겠습니까?"

주인이 대답했다.

"아아! 세속의 견해는 매번 이와 같습니다. 이것이 나라의 형세가 끝내 떨쳐 일어나지 못하는 까닭입니다. 요사이 백성들의 삶이 고단한 것이 거꾸로 매달려 있는 것보다 심해서, 만약 급히 구제하지 않으면 장차 나라에 아무도 없게 될 형세입니다. 나라가 텅 빈 후에는 필요한 물자를 어디에서 마련할 수 있겠습니까? 이것은 반드시 그럴 수밖에 없는 이치입니다.

군인의 수를 유지하는 것이 중요한 이유는 그 실질적인 숫자의 군대가 있어야 필요한 때를 대비할 수 있기 때문입니다. 요사이 장부상에만 존재하는 군인의 숫자는 다만 일족을 침해하여 그 해당하는 만큼의 포를 징수할 뿐입니다. 만일 불시에 군대를 동원할 일이 있으면 일족은 끝내 창을 들기에도 부족하고, 군포도 끝내 사람을 모으기에 부족할 것입니다. 어찌 잘못된 장부를 아껴서 백성들에게 실질적인 해를 입히겠습니까?

예나 지금이나 잘못되어 어지럽게 된 일이 진실로 한두 가지가 아니지만 일족절린의 폐단으로 나라가 망한 경우는 보지 못했습니다. 우리 나라에서 잘못된 선례를 만든 것이니 어느 때에 이것이 시작되었는지 모르겠습니다. 이는 진실로 천고에 없는 근심이라 절대 후세에까지 소문이 나게 해서는 안 됩니다. 『서경(書經)』에 이르기를 '형벌은 자손들에게 미치지 않고, 상은 후세에까지 미친다.'[1]고 했습니다. 이 백성들이 떠돌아 흩어지는 것은 지치고 병든 탓입니다. 백성들에게 은혜를 베푸느라 겨를이 없어야 하는데, 도리어 혹독하고 포악한 정치로 아직 흩어지지 않은 백성들조차 흩으니, 이 어찌 현인과 군자가 차마 할 일이겠습니까?"

손님이 물었다.

"선생의 말이 옳으나, 다만 교묘하게 속이는 백성이 모두 군역을 기피하면 군액에 마침내 한 사람도 없게 될 것이니 어떻게 해야 합니까?"

주인이 대답했다.

"이는 반드시 있을 수 없는 이치입니다. 무릇 백성이 고향을 떠나 일족을 버리고 옮겨 다니면서 정착하지 못하는 것은 모두 사정이 아주 절박하여 어쩔 수 없는 데에서 비롯된 것입니다. 저들이 비록 교묘하게 남을 속이더라도 만약 생업이 있어서 직업을 가지고 생활할 수 있다면, 누가 스스로 떠돌아다니는 괴로움을 감당하려 하겠습니까? 만일 일족절린의 근심이 없고, 단지 자기 한 몸의 군역만 응하게 된다면, 백성이 편안하게 생업에 종사하는 것은 물에 빠지고 불에 타는 고통을 벗어나는 것과 같은데, 어찌 군역을 피할 이유가 있겠습니까?

이 법을 이미 개혁한 후에는 각 고을에 명하여 국역을 지지 않는 장정을 차츰 색출해 누락된 군액을 충당하고, 군대 편제 밖에 있는 자를 모조리 없애 정규군을 보충해야 합니다. 새로 설치한 '위(衛)'의 경우는 『경국대전』에 기재되어 있지 않거나, 한역(閒役, 힘들지 않아 하기 쉬운 신역)의 장부에 이름이 올려져 있어 국가에 보탬이 되지 않는 자를 제외하고는 모두 색출하여 군액을 충당합니다. 군사를 살피는 관리에게 그 일을 총괄하게 하여 반드시 실제 수를 파악하게 하면, 비록 별도로 군적을 담당하는 부처를 두지 않아도 군적은 완료될 것입니다. 대체로 그런 후에 한정을 다시 찾아서 찾는 대로 보충하고, 매번 세초(歲抄)[2]할 때 각 고을에 명하여 군적을 병조에 올리고, 해당 관서에 그에 속한 문서를 보고하게 하되, 다만 실제 숫자만 기록하고 허위의 명단은 다 없애야 합니다.

그래서 한정을 잘 찾아내어 10호 이상 늘린 자는 상을 주고, 새로 도망해서 그 군액이 축소되어 5호 이상 줄어든 자는 죄를 주되 파직하거나 혹은 관직을 강등시키며, 심한 자는 엄히 다스리고 늘고 준 것이 서로 합하여 변하지 않은 경우는 문책하지 않으며, 3년을 다스려도 호구가 늘어나지 않는 자도 죄를 줍니다.

또한 어사에게 암행하게 하여 고을을 두루 살펴 백성의 고통을 묻고, 수령이 현명한지 어떤지를 살피게 하여 만약 예전과 같이 일족과 이웃이 사사로이 침해당하는 일이 있거나, 호구를 거짓으로 늘려서 포상을 꾀하는 경우가 있으면 한결같이 뇌물죄의 형률로 다스려야 합니다. 진실로 이와 같이 한다면, 수령은 법을 두려워하고 마음을 다해 백성을 보호하여 10년이 되지 않아 민생이 넉넉해지고, 군액이 채워질 것입니다.

옛날에 월왕 구천은 5천의 병사를 이끌고 회계[3]에 머물 당시 몹시 미력했다고 합니다. 그러나 10년 동안 백성을 모으고 가르쳐 곧 부국강병해져 강한 적을 멸하였습니다. 하물며 당당하게 전차를 1만 대나 내는[4] 우리나라는 어떻겠습니까? 만약 백성을 모으고 가르치는 도리를 다한다면, 어찌 국가가 편안하고 백성이 부유해져 나쁜 풍속을 크게 변화시키는 효과가 없겠습니까?

'진상번중'의 폐해는 무엇을 이르는 것이겠습니까? 오늘날 '진상(進上)'이라고 말하는 것은 반드시 다 임금에게 바치기에 적합한 물건이 아닙니다. 자질구레한 물건까지 다 바치기 위해 바다와 육지에서 나는 것을 남김없이 찾아내지만, 임금의 밥상에 올릴 수 있는 것을 제대로 가려낸다면 역시 몇 가지 되지 않습니다.

옛날에 성왕은 한 사람이 천하를 다스렸지 천하가 한 사람을 받들게 하지 않았습니다. 비록 진상한 물건이 일일이 모두 쓰기에 합당하더라도 마땅히 줄여서 백성들의 힘을 남게 했는데, 하물며 급하지 않은 물자로 백성을 해쳐서야 되겠습니까? 이 폐해를 개혁하고자 한다면 대신과 해당 관청에 명하여 진상 명목(名目)을 다 모아서 긴요한 것과 긴요하지 않은 것을 조사하여, 다만 쓰기에 꼭 남겨야 되는 것은 그대로 두고 그 나머지 긴요하지 않은 물건은 다 덜어서 없애야 합니다. 진상에 적합하더라도 수량이 지나치게 많으면 역시 살펴서 줄여야 합니다. 대체로 이와 같이 하면 임금께서 백성을 사랑하는 은혜가 아래에까지 미칠 수 있습니다. 주나라 문왕이 정당한 공납을 도모했던 미덕이 문왕에게만 해당하지는 않을 것입니다."

손님이 말했다.

"만약 선생의 말과 같다면 다만 백성을 사랑할 줄만 알고 임금을 받들 줄은 모르는 것이 되니 신하 된 자의 정성이 아닙니다."

주인이 한숨을 쉬고 탄식하며 말했다.

"세상의 속된 견해가 매양 이와 같으니, 이것이 임금의 덕을 우러러 보좌하지 못하는 이유입니다. 충신은 큰 도로써 임금을 사랑하는 것이지 작은 정성으로 사랑하는 것이 아닙니다. 만일 국가가 편안하게 다스려지고 민생이 넉넉해지면 우리 임금이 얻는 바가 많아지게 되니 어찌 구구하게 작은 물건이 늘고 줄어드는 것이 우리 임금에게 이익과 손해가 되겠습니까? 옛날 순임금이 칠기를 만들고자 하자 신하들이 다투어 간언했습니다. 아무리 고귀한 천자라도 칠기를 사용할 수 없다는 것이었습니다. 선생의 말로 본다면 순임금 시대의 신하들은 그 임금을 사랑하지 않는다고 말할 수 있으나, 그러하고도 순임금은 천하의 성스러운 임금이 되었고, 순임금의 신하들은 천하의 훌륭한 신하가 되었습니다. 아아! 어찌 세상에 떠도는 보잘것없는 무리와 함께 그 득실을 논할 수 있겠습니까?

'공물방납'의 폐해는 무엇을 말하는 것이겠습니까? 선왕 대에는 방납을 금지하는 것이 매우 엄해서 무릇 모든 공물을 백성이 직접 관에 납부하게 했습니다. 모든 관리도 임금의 뜻을 받들어서 서리에게 속지 않아, 저자의 물건 값이 오르고 유통되지 않는 근심이 없었습니다. 그러므로 백성이 공물로 인해 곤궁하지 않았습니다.

세상의 도가 땅에 떨어지고 폐습이 날로 늘어나서, 간사한 노비들과 교활한 서리들이 사적으로 물자를 비축하고 관청을 우롱하고 백성을 가로막아 비록 좋은 물건을 가지고 와도 끝내 받아들이지 않고, 반드시 본인이 사적으로 준비해 둔 물자를 낸 후에 그 백 배의 값을 요구합니다. 그런데도 나라의 기강이 무너져 단속하지 못한 지가 이미 오래되었습니다. 국용(國用)이 털끝만큼도 늘어나지 않았지만 민간의 곳간은 이미 텅 비게 되었습니다.

근래에 비록 이를 혁파하고자 하였지만 그 요령을 알지 못했습니다. 단지 백성들이 스스로 바치도록 명하면서 적절한 대책을 세우지 못하였습니다. 백성이 스스로 준비할 수 없게 된 지가 오래되어, 어느 날 갑자기 방납이 폐지된다는 소식을 들어도 마련하여 낼 방법이 없어서, 방납 업자들이 비싼 값을 가지고 다시 나타나는 것을 피할 수가 없습니다. 지난날에 방납하던 자들과 개인적으로 거래하는데, 저들이 지나치게 깊이 숨겨두니 지난날보다 값이 두 배나 뛰었습니다. 방납이라는 명칭은 비록 폐지되었어도 방납의 폐단은 도리어 더 심해졌습니다.”

손님이 물었다.

“이 폐해를 개혁하려면 어떤 방책을 세우는 것이 좋겠습니까?”

주인이 대답했다.

“달인은 일을 할 때 옳은 것을 잘 도모해서 때에 따라 적절하게 합니다. 어찌 선례에 구애되겠습니까? 내가 해주의 공물법을 보니 전(田) 1결에서 쌀 1두를 거두어 관청이 직접 물자를 준비해서 서울로 납부합니다. 민간에서는 단지 쌀을 내는 것만 알 뿐이고 농간으로 시장의 물가가 크게 오르는 폐단은 모릅니다. 이는 진실로 오늘날 백성을 구하는 좋은 법입니다. 만약 이 법을 전국으로 반포하면 방납의 폐단은 얼마 안 되어 저절로 없어질 것입니다."

손님이 웃으며 말했다.

"선생의 말은 진실로 현실에 어둡습니다. 우리나라 고을의 실상은 해주와 같지 않습니다. 어떻게 8도 각 고을이 모두 해주를 본받게 할 수 있겠습니까?"

주인이 말했다.

"만약 현재의 법을 바꾸지 않으면 진실로 선생의 말과 같이 효과가 없겠지요. 대신과 해당 관청에게 8도의 호적과 지도를 다 가지고 그 인구와 물자의 실상과 전결의 많고 적음과 물산의 넉넉하고 부족함을 검토하여, 다시 그 공물을 부과하고 그 심하거나 덜한 것을 고르게 합니다. 심지어 공물 가운데서도 국용에 긴요하지 않은 것은 양을 적절하게 줄여 반드시 8도의 고을에서 변통해서 마련한 후에 모두 해주와 같이 1결에 1두씩으로 그 명령을 반포하면, 어찌 시행하지 못할 일이 있겠습니까?

'역사불균'의 폐해는 무엇을 말하는 것이겠습니까? 지금 이른바 정군(正軍)[5], 보솔(保率)[6], 나장(羅將)[7], 조예(皂隷)[8]와 같은 역원(役員)들은 많은 역을 담당하는 부류인데 혹은 오랫동안 당번을 서고, 혹은 두 번으로 나누어 서고, 혹은 세 번으로 나누어 맡고, 심지어 예닐곱 번에 이르기도 합니다. 경우에 따라 혹독한 역을 감당하지 못해 도망치고, 또는 겨우 좀 편안한 일을 얻어서 그런대로 수행하니, 같은 백성인데도 어찌 근심하고 즐거워하는 것을 피차가 같지 않게 할 수 있겠습니까? 지금

계획하는 것은 대신과 해당 관청이 법을 살피고 제도를 고쳐서 긴 것을 자르고 짧은 것을 보충해서 모든 의무에서 당번을 서거나 휴식하는 것을 고르게 해 너무 고통스럽거나 매우 느슨한 폐해가 없도록 해야 합니다. 그러면 도망친 자가 돌아와 모여 살 수 있고 백성이 세력 있는 사람에게 예속되어 역을 피하는 일이 없을 것입니다.

'이서주구'[9]의 폐해는 무엇을 말하는 것이겠습니까? 권간(權姦)들이 더럽히고 어지럽힌 이후로 위아래에서 오직 뇌물을 일삼으니, 관직과 작위는 뇌물이 아니면 진급이 안 되고, 쟁송은 뇌물이 아니면 판결이 나지 않고, 죄는 뇌물이 아니면 사면되지 못합니다. 그래서 모든 관료가 법도가 아닌 것을 본받으며, 서리들은 공문을 가지고 농간을 부리는 지경에 이르렀습니다. 갖은 물건을 관에 납부하면서 정밀한 것과 거친 것을 구분하지 않고, 많고 적음을 헤아리지 않고, 오직 뇌물의 등급으로써 취사선택하니, 심지어 일개 하인, 종까지도 말직이라도 맡고 있으면 번번이 물건을 마음대로 빼앗습니다. 옥사와 송사의 중요한 일 역시 교활한 서리들의 손에 맡겨져 뇌물을 보고 옳고 그름을 가리니 이는 진실로 정치를 어지럽히고 나라를 망하게 하는 병폐입니다.

지금은 권간들이 이미 제거되어 공론이 점차 행해져 조정의 구습이 조금 바뀌었으나, 이서들의 간사함은 이전에 비하여 더욱 심합니다. 이러한 폐해를 바꾸고자 한다면 마땅히 백관을 엄히 타이르되, 뇌물법을 자세히 밝히고 무너진 기강을 일으켜 조정은 숙연하게 하고, 사람들은 경계하고 두려워함을 알게 해야 합니다. 그런 후에 침탈하거나 뇌물을 받는 습속을 일제히 금지하고, 정당하지 못한 일이나 숨기고 있는 것을 드러내어 그 실정을 밝히며, 백성들이 소송하도록 함으로써 원통함을 살펴야 합니다. 이서·사령의 무리가 뇌물을 받거나 수탈을 하였다가 일이 발각되면, 포 1필 이상만 되어도 모두 전가사변(全家徙邊)[10]의 형률로 다스려 육진의 빈 땅으로 옮겨 가게 합니다. 그러면 뇌물을 주고받는 풍조를 한꺼번에 씻을 수 있을 뿐 아니라 장차 국경의 방어를 굳건히 하는 데도 도움이 될 것입니다.

이서가 뇌물을 탐하는 짓은 진실로 끊어버려야 하나 그렇게 하자면 농사짓는 수입의 대가를 대신할 만한 녹봉을 주지 않을 수 없습니다. 옛날에는 부사서도(府史胥徒)[11]가 모두 정기적인 녹봉이 있었습니다. 지금의 서리들은 별도의 녹봉이 없으니 수탈을 하지 않으면 굶주림과 추위를 면키 어렵습니다. 이것이 우리나라 제도에서 미진한 점입니다."

손님이 물었다.

"경비가 부족하여 조정 신하들의 녹봉도 오히려 줄이는데 이서들의 녹봉까지 챙겨 줄 수 있겠습니까?"

주인이 대답했다.

"저는 경비를 줄여 이서들에게 녹봉을 주라고 말하는 것이 아닙니다. 다만 국가에서 헛되이 버리는 물건을 거두기만 해도 충분히 줄 수 있을 것입니다. 헛되이 버리는 물건이란 무엇을 말하는 것이겠습니까? 지금 각사의 속포(贖布)[12]와 작지(作紙)[13]는 모두 쓸모없는 곳으로 흩어졌는데 만약 해당 관서에서 거두어 버리는 것이 없으면 한 해의 소득은 반드시 수만 필 이상일 것입니다. 이것을 이서들의 녹봉으로 삼고 그 나머지를 경비에 보태어도 충분하니 못 할 것이 있겠습니까? 이것은 부세 외에

별도의 조목이 아니라 다만 쓸모없는 것을 유용한 것으로 바꾸는 것일 뿐입니다. 나라를 경영하고 백성을 구제하는 데 뜻을 둔 선비가 일상적인 말이라 하여 소홀히 해서는 안 될 것입니다."

손님이 물었다.

"지금의 폐단이 이것뿐입니까?"

주인이 대답했다.

"어찌 이것뿐이겠습니까? 양전(量田)을 하지 않아서 황무지가 된 땅에도 세금을 부과하고, 불교의 가르침이 아직도 보전되어 일하지 않는 백성들이 토지로 돌아오지 않고 있습니다. 갑작스러운 수요를 모두 시장 사람들에게 맡기니 피부까지 벗겨내고 마구잡이로 침탈하는 폐해가 고을에 넘치니, 백성들은 골수(骨髓)가 다 드러났습니다. 이름 없는 세금이 여러 읍에 넘쳐흘러 세금을 거두는 일이 도리어 정해진 공부(貢賦)보다 무겁습니다. 종모법(從母法)[14]이 양녀(良女)에게는 적용되지 않아 양민들이 거의 사노비가 되었습니다. 쓸모없는 벼슬이 지나치게 많아서 필요 없는 비용이 증가하고, 민호는 점차 줄어드는데 군읍은 너무 많습니다. 지금의 폐단을 다 말하고자 하면 하루로도 부족하지 않을까 염려됩니다.

앞서 제시한 방도대로 바뀌지 않는다면, 비록 요순이 위에 있고 뛰어난 신하 고요와 기가 아래에 있어도 어지러움을 다스리는 데는 쓸모가 없을 것입니다. 몇 년이 지나지 않아서 백성들은 생선이 문드러지거나 흙이 무너지듯 될 것입니다. 여기에 더 걱정할 것이 있으니, 지금의 민력을 헤아리면 거의 다 죽게 된 사람과 같고, 숨기운은 거의 끊어지려고 하니 지탱하기도 힘들어 만일 남북으로 외적이 침략한다면 장차 질풍이 낙엽을 쓸어버리는 것과 같을 것이니 백성은 고사하고 종묘와 사직인들 온전히 유지되겠습니까? 말과 생각이 여기에 이르니 저도 모르게 눈물이 납니다."

손님이 말했다.

"선생의 말이 진실로 옳습니다. 다만 충신이 임금을 보좌함에 마땅히 조종(祖宗)을 법으로 삼습니다. 만약 선생의 말을 적용한다면 조종의 법도를 바꾸어 혼란시키는 것이 아닙니까?"

주인이 말했다.

"아아! 세상의 속된 견해가 매번 이와 같으니, 이는 하나의 방책도 시행하지 않고 앉아서 망하기를 기다리는 것이나 마찬가지입니다. 정자께서는 '민생의 도리에 궁함이 있으면 성왕(聖王)의 법이라도 고칠 수 있다.'[15]고 말씀하셨으니, 대체로 법이 오래되면 폐단이 생기고 폐단이 생기면 당연히 고쳐야 합니다. 『주역(周易)』에 이르기를 '궁하면 변하고 변하면 통한다.'[16]라고 하였습니다. 이 때문에 우리 태조께서 개국(開國)하시고, 세종께서 수성(守成)하여 비로소 『경제육전(經濟六典)』을 만드시고, 세조께서 공업(功業)을 계승하여 『경국대전』을 제정하니, 이는 모두 때에 따라서 마땅한 것을 제정한 것이지 조종의 법도를 일부러 바꾸어 혼란시킨 것이 아닙니다. 지금의 폐해가 모두 조종의 법에서 나왔더라도 또한 세조를 모범으로 삼아 이전의 법규를 조금씩 바꾸어 떳떳하고 오래가는 도를 세워야 할 것입니다. 하물며 조종의 법이 아니고 권간들의 손에서 나온 것이 많은데도 굳이 고수하면서 선왕이 만든 법과 같다고 하는 것은 무엇 때문입니까? 이것은 곧 음사를 펼쳐서 난을 돕는 것입니다. 그런데도 도리어 제가 조종의 법도를 바꾸어 혼란시킨다고 하는 것입니까?"

✳

제3부 '정치의 방법과 실천'의 세 번째 장에서는 백성을 편안하게 하는 방법에 대해 논하고 있다. 앞의 7장과 8장에서 간인과 현인을 분별하여 임금과 더불어 정치를 행할 주체인 신하의 적임 문제를 논했다면 이 장은 구체적인 방법을 제시한다.

이이는 가장 먼저 잘못된 법을 개혁하여 민생을 구하고자 하였다. 그 선결 과제로 말길을 열고 넓혀서 좋은 방책을 구할 것은 주문하였다. 고관이나 노비나 신분에 구애되지도 말고, 주관하는 관청의 여부와도 상관없이 오직 잘못된 법을 혁파하는 데에 좋은 의견을 널리 구할 것을 요청하였다.

이이는 현재 가장 잘못된 법 다섯 가지를 들고 있다. 첫째 일족절린(一族切鄰)의 폐해, 둘째 진상번중(進上煩重)의 폐해, 셋째 공물방납(貢物防納)의 폐해, 넷째 역사불균(役事不均)의 폐해, 다섯째 이서주구(吏胥誅求)의 폐해다.

일족절린의 폐해는 군역(軍役) 대신 바치던 포(布)와 관련된 폐단으로 이웃에 사는 일가족이 도망한 일족 대신 포를 바치는 폐단을 말한다. 원래 정군(正軍)이 서울에 올라와 당번의 의무를 담당할 때 이에 소요되는 경비는 모두 보인(保人)이 맡도록 했다. 이때 보인이 정군에게 바치는 신포를 보포(保布)라고 하여 1인당 1필을 넘지 못하도록 제한했다.

그러나 15세기 말부터 잦은 당번으로 폐농이 늘고, 곡물 가격이 높아짐에 따라 경비가 증가하자 당번을 서야 하는 정병들은 서울 사람을 고용하여 대신 역을 서게 했다. 이 과정에서 군역의 의무가 군포를 서울에 납부하는 식으로 바뀌고 대신 역의 가격이 높아져 점차 군포의 비용이 증가했다. 이를 감당하지 못한 보인들은 너도나도 도망치게 되었고, 결국 그에 따른 피해를 이웃이 떠안아야 했던 것이다.

이이는 이러한 군역과 관련된 폐단을 가장 시급히 해결해야 할 문제로 인식하였다. 사실 중종에서 명종 대를 거치며 척신 세력이 발호하자 정치가 부패하면서 더욱 문제가 심각해졌다. 비록 명종 후반, 특히 선조 연간에 사림이 중앙 정계를 장악했지만 이런 폐단을 모두 없애기에는 역부족이었다. 오늘날 군대 비리를 완전히 뿌리 뽑기 어려운 것과 비슷하다.

이런 폐단을 막기 위해 중종 대에는 각 고을의 수령이 일괄적으로 베를 징수해 중앙에 보내면 병조에서 필요한 만큼 군인을 고용하는 방식으로 바꾸기도 했다. 또 임진왜란 이후 모병제로 바뀌면서 양인 장정이 매년 2필을 내는 것으로 규정하는 등 개혁책을 마련하기도 했다.

이러한 문제에 대해 이이는 문서와 장부를 검토하여 이미 도망한 민호의 경우 그 이름을 지워서 더 이상 일족과 이웃에 피해를 입히지 않게 할 것을 제안했다. 그렇게 하면 필요한 수요를 채우지 못할 것이라는, 현실을 모른다는 비판에 대비해 이이는 백성의 고단한 삶을 안정시키는 것이 군역에 우선함을 강조했다. 나아가 장부상의 숫자가 중요한 것이 아니므로 장부와 실제를 일치시켜서 백성에게 피해가 가지 않도록 해야 한다고 주장했다. 부족한 군액은 각 고을을 통해 찾아내고 군대의 편제 밖에 있는 사람들도 찾아서 보충할 것을 제안했다.

이이의 이러한 제안은 당장 실천이 가능한 현실적인 대안일 수 있었다. 그러나 현실에서 이를 실천하기가 쉽지 않았던 모양이다. 이 군포 문제는 조선 후기 내내 개혁 방향을 모색했고, 결국 영조 대에 가서야 종래의 군포를 반감하여 1인 1필을 받아들이는 균역법을 시행함으로써 어느 정도 정리가 되었기 때문이다. 그러나 이러한 균역법 역시 이이의 개혁책과 연결되어 있다는 점에서 이이의 제안은 매우 의미가 크다고 할 수 있다.

둘째 폐단은 진상번중, 즉 진상하는 물품이 많은 폐단으로 이 역시 백성들의 부담과 관련된다. 진상품은 말 그대로 각 지방에서 나는 특산품을 임금에게 올리던 것이다. 진상품은 원래 각 도를 단위로 했으나 실제로는 군현에서 모든 물품을 분담하였기 때문에 백성들을 괴롭히는 요인이 되었다.

이이는 임금에게 필요한 물품이 실상 몇 가지 되지 않은 것에 비해 진상품이 너무 많고, 긴요하지 않은 것도 많으므로 이를 줄여야 한다고 봤다. 이에 관해 임금에 대한 정성이 소홀한 것이 아니냐는 의견을 가정해 임금에게 필요한 것은 민생을 부유하게 하고 국가가 편안해지는 것이지 사소한 물건의 득실에 있는 것이 아니라고 단언했다.

셋째 폐단은 공물방납, 즉 공물을 직접 납부하지 못하고 방납업자를 통해 납부함으로써 생기는 폐단이다. 원래 공물은 중앙 관서와 왕실에서 필요로 하는 물품을 여러 군·현에 부과하여 상납하게 했다. 해당 지역의 토산물을 헌납하게 하는 공납이었으나 문제는 이 공물의 품목과 수량이 늘어나면서 농민의 부담이 가중되거나 그 지역에서 생산되지 않는 물품을 마련해야 하는 경우도 생긴 것이다. 그래서 이를 대신 처리해주고 비용을 받는 방납이 성행했다.

이이는 이런 대리 공납과 이 과정에서 이익을 챙기는 간사한 노비와 교활한 서리들의 행태를 지적한 것이다. 이런 문제를 개선하기 위해 성종 대에 공납제를 개정하기도 했으나 문제가 해결되기는커녕 오히려 폐단이 커졌다.

이이는 그에 대한 방책으로 해주의 공물법처럼 전 1결에 쌀 1두를 거두는 방안을 제시했다. 실현 가능성에 의문을 제기하는 손님에게 이이는 전국적으로 이를 실시하면서 각 고을의 실정에 맞게 수정하면 가능할 거라고 하였다.

이러한 이이의 제안은 실제로 광해군 때에 대동법(大同法)이라는 제도로 현실화되었다. 군역의 폐단에 대해 균역법이 조선 후기에 해결책으로 등장했듯이 공물에 대한 대책으로 대동법이 탄생했다. 대동법은 균역법과 함께 조선 후기 가장 훌륭한 개혁책으로 꼽힌다. 이이가 『동호문답』에서 제시한 폐단은 단지 이이 개인의 생각이 아니라 실제로 조선 후기 최대의 사회 문제였으며, 그 해결의 실마리를 이 책에서 제시했다는 점은 의미심장하다고 하겠다.

넷째 폐단은 역사불균, 즉 역의 의무로 맡은 일들이 고르지 않기 때문에 생기는 문제이다. 주로 군역에 해당하는 정군(正軍)이나 보인(保人), 솔정(率丁), 그리고 나장(羅將)이나 조예(皂隷) 등 하급직에 종사하는 사람들의 역이 다른 사람들에 비해 지나치게 많거나 혹은 이들이 자주 당번을 서는 문제였다. 이는 의무가 균등하지 않을 때에 백성들 사이에서 불만이 터져 나올 수 있음을 지적한 것이다.

따라서 이이는 대신이나 해당 관청에서 법과 제도를 살펴서 문제가 되는 부분을 수정함으로써 불균등의 문제를 해결할 것을 제안했다. 그래야만 누구는 너무 고통스럽고 누구는 편안한 폐단이 없어질 것이라고 했다. 또 이렇게 바뀌어야만 백성들이 안정되게 살 수 있으며, 역을 피해 세력가들에게 예속되는 일도 없게 될 것이라고 보았다. 이러한 이이의 제안은 지극히 정당하다고 평가할 수 있다.

다섯째 폐단은 이서주구, 즉 서리들이 농간을 부리는 문제다. 이이는 서리들의 문제점을 조목조목 드러내었는데, 예를 들어 관에 물건을 납부할 때 뇌물로 취사선택하거나 옥사나 송사도 뇌물로 좌우하는 현실을 지적했다. 권간(權姦)들이 세상을 어지럽게 만든 이후, 서리들의 망동이 시작되었다고 했다.

문제는 권간들, 곧 명종대의 윤원형과 같은 척신들이 제거되어 공론이 시행되고 잘못된 풍조가 바뀌었음에도 불구하고 서리들의 행태가 전혀 개선되지 않았다는 점이다. 그래서 이이는 조정의 기강을 세우고, 뇌물에 대한 법을 자세히 밝힌 다음 뇌물을 주고받는 풍습을 금지하고, 정당하지 못한 일을 밝혀야 한다고 보았다.

포 1필의 뇌물을 받더라도 온 가족을 함경도와 같은 극변 지역으로 이주시킬 것을 제안했다. 그러나 무엇보다 서리들이 뇌물을 요구하는 까닭은 이들에게 녹봉을 주지 않은 데서 기인한 점을 지적하고 이에 대한 해결책으로 녹봉의 지급을 주장하였다. 조정의 신하들도 녹봉을 줄이는 마당에 서리들의 녹봉 마련을 걱정해야 하느냐는 주장에 대해 이이는 낭비되는 경비를 줄이면 얼마든지 이들의 녹봉을 만들 수 있음을 지적했다.

이이의 이러한 지적과 대안은 서리와 관련해 매우 핵심적인 문제를 제기한 것이다. 왜냐하면 문제점으로 드러낸 바와 같이 서리들은 녹봉도 받지 않고 행정적인 실무에 종사해야 하는 입장이라 근본적으로 뇌물을 뿌리치기 어려운 처지에 있었기 때문이다. 그렇다면 조선 왕조는 이렇게 구조적으로 문제가 될 수밖에 없는 서리들의 처우 문제를 처음부터 방치했던 것일까? 아무리 신분의 한계를 인정하더라도 자신의 노동을 일방적으로 착취당하며, 보수를 받지 않고 오래 견딜 수는 없기 때문이다. 조선 초기에 서리들은 양인의 일부였다가 양반층이 점차 신분화되어감에 따라 하급 행정 실무나 말단 경찰, 군사 업무를 전담하는 특수 신분, 즉 중인층의 일부인 이서층을 형성하게 되었다.

그러나 이들이 국가기관에서 근무하는 것은 상민(常民)의 군역과 같은 신역(身役)의 하나로 간주되어 보수가 지급되지 않았다. 즉 세종 27년(1445) 외역전(外役田)이 폐지된 뒤 일체의 과전이나 녹봉이 지급되지 않았다. 결국 이들의 경제적 불안으로 말미암은 부정과 비리의 소지를 남겨놓은 셈이다. 처음에 서리들에게 녹봉을 지급하지 않은 것은 이들의 직분을 역으로 설정하였기 때문이었으나 그나마 있던 외역전마저 없어지자 문제가 된 것이다.

그렇다고 전혀 대책이 없었던 것은 아니다. 예를 들어, 서리가 생활고에도 불구하고 복무 기간을 견딘 요인 가운데 하나는 서리를 마친 후에 품관(品官)인 역승(驛丞: 종9품)으로 진출할 기회를 주었기 때문이다. 문제는 이러한 기회마저 중종 30년(1535)에 없앤 것이다. 그 바람에 서리들은 더욱 뇌물의 유혹에 빠질 수밖에 없었다. 그래서 조식(曹植) 같은 이는 서리 때문에 나라가 망한다는 '서리망국론'을 주장하기도 했다. 조식은 다음 글에서 서리의 문제점을 상세하게 지적했다.

예로부터 권신(權臣)으로서 나라를 마음대로 했던 자도 있었으며, 외척으로서 나라를 마음대로 했던 자도 있었으며, 부인이나 환관으로서 나라를 마음대로 했던 자도 있었지만, 지금처럼 서리(胥吏)가 나라를 마음대로 했다는 말은 들어보지 못했습니다. 정권이 대부에게 있어도 안 될 것인데 더구나 서리에게 있단 말입니까. 당당한 천승(千乘)의 나라로서 조종(祖宗) 2백 년의 왕업에 힘입어 공경대부가 전후로 많이 배출되었는데, 어찌 이제 와서 정사의 실제권한을 하인들에게 돌아가게 할 수 있겠습니까. 이것은 가볍게 흘려버릴 얘기가 아닙니다. 군민(軍民)의 서정과 나라의 기무가 다 도필리(刀筆吏, 조선 시대에 각 관아의 벼슬아치 밑에서 일 보던 사람)의 손에서 나와 아무리 작은 일이라도 대가를 주지 않으면 행해지지 않으니, 안으로는 재물을 모으고 밖으로는 백성을 흩어지게 하여 열에 하나도 남지 않았습니다. 심지어는 각기 주(州)와 현(縣)을 나누어 제 것으로 삼고 문권(文券)을 만들어 자손에게 전하기까지 합니다. 토산물의 헌납을 일체 물리쳐 한 물건도 상납하지 못함으로써 공물을 바치는 사람이 구족(九族)의 것을 모으고 가업을 팔아 넘겨 관사(官司)에는 내지 않고 사삿집에다 내는데 본래 값의 백 배가 아니면 받지도 않습니다. 나중에는 계속할 수가 없어서 빚을 지고 도망하는 자가 줄을 이으니, 어찌 조종의 주현(州縣) 백성의 공납이 간사한 서리들이 나누어 갖는 것이 되리라고 생각이나 했겠으며, 어찌 전하가 온 나라의 부(富)를 누리면서도 종놈이 방납(防納)한 물자에 의지하리라 생각이나 했겠습니까. 왕망(王莽)과 동탁(董卓)의 간계도 이 정도로 심한 적은 없었으며 망할 나라의 세상이라도 이런 적은 없었습니다. 이러고서도 만족하지 않아 국고의 물건까지 다 훔쳐내니 저축된 것은 아무것도 없어 나라꼴이 말이 아니고 도적이 도성에 가득합니다. 나라는 한갓 텅 빈 그릇처럼 앙상하게 서 있으니 온 조정 사람은 마땅히 마음을 가다듬어 함께 물리쳐야 할 것이고, 힘이 모자라면 사방 사람들을 불러서라도 분주히 임금을 도와야 할 것입니다.

　　　　　　　　　　　　　　—『선조실록』권2, 선조 1년 5월 26일 기사

　이처럼 서리들의 부정은 시급히 해결해야 할 문제였다. 그래서 이이가 제시한 서리에게 녹봉을 지급하는 해결책은 좋은 방법일 수 있었다. 서리에게 급료를 지급한 기록은 선조 26년(1593)에 보인다. 이이의 해결책은 늦게나마 실현된 셈이다. 조선 후기에는 점차 서리에 대해서는 관주도로 급료를 지급하고 서리를 채용하는 고립(雇立)의 방식으로 바뀌게 되었다. 이 역시 이이가 제시한 대로 급료를 지급하는 것이므로 서리 문제에 관한 이이의 제안은 매우 앞선 것이면서도 정확한 해결책이었다고 평가할 수 있다.

이상의 다섯 가지 폐단 외에도 이이는 주인의 입을 빌려 당시의 문제점들을 지적한다. 예를 들어 양전(量田)을 오랫동안 하지 않아서 황무지가 된 땅에도 세금을 매기는 문제, 불교가 여전히 성행하여 백성들이 중이 되는 문제, 시장이 활성화된 반면 그 폐해가 늘어난 문제, 명목 없이 각종 세금이 늘어난 문제, 양민에게는 종모법(從母法)이 적용되지 않아 사노비가 증가하는 문제, 쓸모없는 관직은 늘고 민호는 줄어드는데 군읍은 상대적으로 많은 문제 등 이루 다 나열할 수 없이 많은 문제가 예시되었다.

이것을 두고 한꺼번에 개혁을 하다 보면 조정이 혼란에 빠질 수 있다는 현실론을 제기할 수 있다. 손님의 질문을 통해 나타난 이런 인식은 원래 조선의 전통인 '조종지법(祖宗之法)'을 흔드는 문제로 이해될 수도 있다. 원래 국왕이 세습되는 점을 고려한다면 이러한 문제 제기는 일면 타당하다.

이 문제에 대해서 이이는 민생이 가장 우선되어야 하므로 민생에 문제가 생겼다면 비록 성왕(聖王)이 만든 법이라도 고쳐야 한다고 했다. 또 이미 조선 초에 『경제육전』을 만들었다가 세조 때에 『경국대전』을 만든 것 역시 이렇게 이전의 법규를 현실에 맞추어 바꾸어나간 사례라는 점을 강조했다.

이러한 폐단이 고쳐지지 않는다면 결국 외적이 침략하면 질풍에 낙엽이 쓸려 버려지는 것처럼 위태로워질 것이라는 게 이이의 현실 인식이었다. 실제로 선조 대에 맞은 임진왜란을 예감한 날카로운 지적이다.

論安民之術

客曰："旣辨邪正, 得人而爲政, 則政將何先?"主人曰："先革弊法, 以救民生。欲革弊法, 則當廣言路, 以集善策。上自公卿, 下至輿儓, 皆許各陳時弊, 其言果可用也, 則勿以其人爲取捨。勿使該曹爲循例防啓之計, 惟以弊法之盡革爲期, 然後國可爲也。"客曰："子以爲救民, 在於革弊, 當今之弊, 孰爲民患之大者?"主人曰："一族切鄰之弊一也, 進上煩重之弊二也, 貢物防納之弊三也, 役事不均之弊四也, 吏胥誅求之弊五也。何謂一族切鄰之弊? 今茲一有逃散之民, 則必侵其一族及切鄰, 一族切鄰, 不能支保, 亦至流散, 則又侵其一族之一族, 切鄰之切鄰。一人之逃, 患及千戶, 其勢必至於民無孑遺, 然後乃已也。是故, 昔年百家之村, 今無十室, 前歲十家之村, 今無一室, 邑里蕭條, 人煙夐絶, 無處不然。若不更張此弊, 則邦本顚蹶, 無以爲國矣。欲革此弊, 則當下令四方之郡邑, 按其簿籍, 苟有流亡絶戶, 輒削其名, 不侵一族切鄰, 則國家所失, 只在於已逃者, 而未散之民, 則庶幾安輯矣。休養生息, 戶口繁盛, 則未充之軍額, 亦指日而可充矣。"客曰："有是哉, 子之迂也! 今日軍額·隷籍, 絶戶者居半。若用子言, 則無以應目前之百需, 奈何?"主人曰："嗚呼! 流俗之見, 每每如是。此國勢之所以終不振起也。今者, 民生之困, 甚於倒懸, 若不急救, 勢將空國。空國之後, 目前之需, 辦出何地耶? 此必至之理也。所貴乎軍額之不減者, 爲其實有是軍, 可以備用也。今者, 絶戶之軍, 只侵一族, 徵其價布而已。脫有緩急發軍之擧, 則一族終不足以荷戈, 價布終不足以募人。安用吝惜虛簿, 以使民受實害哉? 古今敗亂之事, 固非一二, 而未嘗見以一族切鄰之弊, 亡其國者也。我國作俑, 未知昉於何時。此誠千古所無之患也, 不可使聞於後世也。《書》曰：'罰不及嗣, 賞延于世。'斯民之流散, 出於困瘁, 當惠鮮之不暇,

而反以毒虐之政, 散其未散之民, 此豈仁人君子之所可忍爲耶?"客曰:"子言則
是矣。但巧詐之民, 一切避役, 軍額終至於無一人則奈何?"主人曰:"此必無之理
也。凡民之離鄉去族, 轉徙不定者, 皆出於憫迫不得已也。彼雖巧詐, 若有產業可
以資生, 則孰肯自取流離之苦哉? 若無一族切鄰之患, 只應其一身之役, 則民之安
生樂業, 如脫水火矣。豈有一切避役之理乎? 此法旣革, 則當令郡邑漸刷閒丁, 以
充闕額, 悉破旅外, 以補正軍。至於新設之衛, 非《大典》所載者及寄名於閒役之
籍, 無益公家者, 皆刷出充軍。使兵省之官, 摠掌其事, 必得實數, 則雖不別設軍籍
之局, 而軍籍已了矣。夫然後更搜閒丁, 隨得隨補。每於歲抄, 令郡邑上軍簿于兵
曹, 上隷籍于該司, 只錄實數, 悉刊虛名。如有善得閒丁增十戶以上者, 論賞, 新有
絶戶, 縮其額數, 減五戶以上者, 論罪, 或罷或降職, 甚者重治, 增減相當者, 勿問。
爲政三年, 戶口不增者, 亦論罪。又使御史微服, 周行郡邑, 咨民疾苦, 以察守令之
賢否, 若有私侵一族切鄰如舊者, 或僞增戶口以圖褒賞者, 輒按以姦贓之律。誠能
行此, 則守令畏法, 盡心懷保, 不出十年, 民生可給, 軍額可充矣。昔者, <u>越王 句
踐</u>, 以五千之卒, 棲于<u>會稽</u>, 可謂至弱矣。及其十年生聚, 十年敎訓, 則乃能富國强
兵, 以滅勍敵。況我堂堂萬乘之國, 若盡其生聚敎訓之道, 則豈無國泰民富, 丕變
風俗之效哉? 何謂進上煩重之弊? 今之所謂進上者, 非必盡合於上供也。細瑣之
物, 莫不畢獻, 水陸之產, 搜括無遺, 而眞擇其可進于御膳者, 則亦無幾焉。古之聖
王, 以一人治天下, 不以天下奉一人, 雖使進獻之物, 一一皆合上供, 亦當減省, 以
舒民力。況以不急之需, 殘傷百姓耶? 欲革此弊, 則當令大臣及該司, 悉取進上名
目, 講究其緊歇。只取其切於上供, 不可不存者, 而其餘不緊之物, 皆悉蠲除。雖合
於上供, 而數目太多者, 亦量減其數。夫如是, 則聖上愛民之惠, 可以下究, 而<u>文王</u>
惟正之供, 不得專美矣。"客曰:"若如子言, 則徒知愛民, 而不知奉上, 非臣子之誠

也。"主人喟然嘆曰: "流俗之見, 每每如是。此所以不能仰補聖德者也。忠臣愛君以大道, 不以小誠。若使國家治安, 民生富庶, 則吾君之所獲, 多矣。豈以區區小物之增減, 足爲損益於吾君耶? 昔者, 舜作漆器, 羣臣爭諫。是使天子之貴, 尙不得用漆器矣。以子言觀之, 舜朝之臣, 可謂不愛其君矣。然而帝舜爲天下之聖主, 虞臣爲天下之良弼。嗚呼! 此豈可與流俗碌碌之輩, 商議其得失耶? 何謂貢物防納之弊? 祖宗朝防納之禁甚嚴, 凡百貢物, 只使百姓直納于官。百司之官, 亦奉上意, 不爲胥吏所瞞, 無刁蹬阻隔之患。故百姓不困於貢物焉。世道浸降, 弊習日滋, 姦猾之隸, 桀黠之吏, 私備百物, 愚弄官司, 阻當百姓。雖持精美之物, 終抑不納, 必納私備之物, 然後索其百倍之價。而邦憲頹廢, 不能禁戢, 爲日已久, 國用不加毫末, 而民間已空杼柚矣。近來雖欲革此, 而未得其要, 只令百姓自納, 而不設適用之策。百姓之不能自備者久矣, 一朝聞防納之廢, 無計辦出。不免還持高價, 私貿于曩日防納之徒, 被他深藏固靳, 價倍前日。防納之名雖廢, 而防納之實, 反甚矣。"客曰: "欲革此弊, 當出何計?"主人曰: "達人臨事而善謀, 隨時而適宜。豈拘於常故者之所能耶? 余見海州貢物之法, 每田一結, 收米一斗, 官自備物, 以納于京。民間只知出米而已, 刁蹬之弊, 略不聞知。此誠今日救民之良法也。若以此法, 頒于四方, 則防納之弊, 不日自革矣。"客笑曰: "子言誠闊於事情矣。我國郡邑之實者, 莫海州若也。安能使八道郡邑, 皆效海州之爲耶?"主人曰: "若無變常規, 則誠如子言矣。若使大臣及該司, 悉取八道圖籍, 講究其人物之殘盛, 田結之多寡, 物產之豐嗇, 更賦其貢物而式均其苦歇, 至於貢物之不切於國用者, 量宜蠲減。必使八道郡邑之所辦出, 皆如海州之一結一斗, 然後乃頒其令, 則何不可行之有? 何謂役事不均之弊? 今之所謂正軍・保率・羅將・皂隸諸員, 凡百應役之類, 或立長番, 或分二番, 或分三番, 至六七番, 或不堪侵暴而逋竄, 或稍得安業而自保。同是赤子, 有何彼此而使憂樂不同耶? 爲今之計, 大臣與該司, 量度裁制, 絶長補短, 務使一切之役, 皆得番休迭息, 均齊方正, 無有甚苦甚歇之弊。則流亡可以還集, 而民無投屬厭避之計矣。何謂吏胥誅求之弊? 自權姦濁亂之後, 上下惟貨賄是事, 官爵非賄不進, 爭訟非賄不決, 罪戾非賄不免。以致百僚師師非度, 吏胥緣文舞術, 百物納官之際, 精麤不分, 多寡不算, 惟以貨賂等級而取捨之。以至一皁一隸, 稍有所管, 則輒事漁奪。不特此也。獄訟重事, 亦委猾吏之手, 視其賄賂而曲直之。此誠亂政亡國之痼病也。目今權姦已去, 公論稍行, 朝廷之上, 少革舊習, 而吏胥之姦, 比前尤甚。欲革此弊, 則當嚴勅具僚, 申明贓法, 振起頹綱, 使朝著肅然, 人知警懼。然後一禁侵漁·受賂之習, 發隱摘伏, 以得其情, 許民陳訴, 以察其冤。若有吏胥·使令之徒, 或受賂, 或漁奪, 事覺則布一疋以上, 悉治以全家之律, 以實六鎭空虛之地。則非徒一洗賄賂之習, 亦將有助邊圉之固矣。雖然, 吏胥之求賄, 誠可痛絶, 而其代耕之資, 不可不給。古者, 府史·胥徒, 皆有常祿, 仰食於上。今之吏胥, 別無廩俸, 若不漁奪, 難免飢寒。此我國之制, 有所未盡者也。"客曰:"經用不足, 朝士之祿, 尙且裁減, 況給吏胥之俸乎?"主人曰:"吾非謂減經費以給吏俸也。但收國家虛棄之物, 可以足給矣。何謂虛棄之物? 今夫各司贖布及作紙, 皆散之無用之地, 若該曹收納無遺, 則一歲所得, 必不下數萬疋矣。以此爲吏胥之俸, 而其餘足以有補經用。何不可之有? 此非賦外別科也。只是轉無用爲有用矣。經濟之士, 不可以其言之淺近而忽之也。"客曰:"當今之弊, 止此而已乎?"主人曰:"奚止於此? 田不改量, 而陳荒之地, 未免於收稅。釋敎尙存, 而游手之民, 未返於田畝。不時之需, 悉辦於市人, 而市人剝膚橫侵之毒, 濫及於坊內, 而坊內竭髓。無名之稅, 濫觴於列邑, 而徵斂反重於貢賦。從母之法, 不用於良女, 而良民盡變爲私賤。冗官尙多, 而浮費尙廣, 民戶漸縮, 而郡邑太多。今世之弊, 若欲盡言, 吾恐日力之不足也。由今之道, 無變今之政, 雖堯·舜在上, 皐·夔在下, 亦將無益於治亂, 不過數年, 民必魚爛而土崩矣。抑有大可憂者焉。度今民力, 如垂死之人, 氣息奄奄, 平日支持, 亦不可保。脫有外警起於南北, 則將必若疾風之掃落葉矣。百姓已矣, 宗社何依? 言念及此, 不覺慟哭也。"客曰:"子言誠是也。但忠臣輔君, 當以祖宗爲法, 若用子言, 無乃近於變亂祖宗之法度耶?"主人曰:"噫嘻, 流俗之見, 每每如是! 此不措一策, 坐而待亡之術也。程子有言曰:'生民之理有窮, 聖王之法可改。'大抵法久則弊生, 弊生則當改。《易》曰:'窮則變, 變則通。'是故, 我太祖開國, 世宗守成, 始制《經濟六典》, 而世祖承業, 乃制《經國大典》。此皆因時而制宜, 非故變亂祖宗之法度也。當今之弊, 假使悉出於祖宗之法, 亦當以世祖爲法, 稍變前規, 以立常久之道。況乎非必祖宗之法, 多出於權姦之手, 而乃欲遵守, 若先王成憲者, 何耶? 此乃設淫辭而助之亂也, 反以我爲變亂祖宗之法度耶?"

10

백성을 교화하는 방법

손님이 물었다.

"이미 폐단이 있는 법을 개혁하여 백성을 편안하게 한 뒤에는 또 무엇을 해야 합니까?"

주인이 대답했다.

"백성을 잘 기른 다음에 교화하는 것이 좋은데, 교화하는 방법으로 학교보다 우선할 것은 없습니다."

손님이 물었다.

"조정에서 좋은 학교 정책을 강구하지 않은 것도 아닌데 결과적으로 실효를 보지 못했으니 무엇 때문입니까?"

주인이 대답했다.

"소리가 그쳤는데도 메아리를 구하고, 모습을 감추었는데도 그림자를 찾는 것은 예나 지금이나 있을 수 없는 일입니다. 지금 학교 정책은 어떻게 할 수 없는 지경에 이르러 좋은 계책을 쓸 수 없는 상태라 그 효과를 보지 못한 것뿐이지, 공을 들였는데도 효과가 없는 것은 아닙니다. 요즘 들어서는 훈도(訓導)를 매우 천한 직임으로 여겨 빈곤하고 자질이 없는 사람에게 그 자리를 줘서 배고픔과 추위를 면하게 합니다. 훈도가 된 사람들은 역시 한갓 사리사욕을 위해 교생[1]들을 침탈하여 자신을 살찌울 줄만 압니다. 누가 교회[2]가 어떻다는 것을 알겠습니까? 이와 같이 하고서도 인재를 육성하기를 바란다면, 나무에 올라가 물고기를 구하는 것[3]과 무엇이 다르겠습니까?

지금 계책을 내자면, 8도의 감사(監司)로 하여금 각 고을에 공문을 보내게 해서 3년마다 한 번씩 고을 백성 중에 경전과 역사에 능통하고, 조금이라도 공부에 나아갈 방향을 알며, 다른 사람의 스승이 될 만한 사람을 뽑는 것만 한 것이 없습니다. 그 명부를 감사에게 보고하고, 감사는 여러 읍에서 선출한 사람들을 모아 이조(吏曹)로 보냅니다. 이조는 그 명부를 살펴서 널리 공론을 채택하여 다시 정밀하게 잘 가려 뽑아야 합니다. 무릇 훈도를 임명할 때는 반드시 그 읍 사람을 임명해야 하며, 적당한 사람이 없으면 인근 읍의 사람을 임명해야 하고, 인근 읍에도 적당한 사람이 없으면 그 도의 사람을 임명해야 합니다. 임기에 제한을 두지 말고 오직 교화를 시행하여 성공을 거두는 것으로 기한을 삼아야 합니다. (지방관이) 맡은 임무를 행할 때 예로써 (훈도를) 대우하고, 지방관이 향교에 들어가지 않으면 훈도가 그들을 영접하지 않게 합니다. (지방관이) 유생의 시강을 제외하고는 공회(公會)에 함께 참석하지 않아야 합니다. 훈도로 하여금 처신을 조심하게 하고 배우는 사람들을 면려하게 한 이후에 매년 감사가 친히 참석하여 그 성적을 살펴보는데, 단지 유생만 시험을 치게 하고 훈도는 시험을 치게 하면 안 됩니다.

만약 유생이 도학이 숭상할 만할 것임을 알게 하고 규율에 맞는 행위와 몸가짐[威儀]을 정돈하며 점잖고 바른 품행[行檢]을 하면서 독서를 함에 궁리(窮理)에 힘쓰는 것을 중요하게 여기게 했다면 그 성적이 최상급입니다. 만약 유생이 부지런히 독서를 하고 품행에 결점이 없으며, 비록 과거 합격 위주의 습속을 면치 못했지만 승진하는 데에만 뜻을 빼앗기지 않게 한 것이라면, 2등급입니다. 만약 유생이 글의 뜻을 깨달아 터득하고 글을 잘 지을 수 있게 했다면, 또한 3등급입니다. 성적이 가장 높은 사람은 서둘러 보고하여 포상을 의논하고, 6품의 관직에 임명하여 사림을 독려해야 합니다. 2등급 성적을 받은 사람 역시 그 공로를 보고하여 자급(資級)을 더해 포상함으로써 가르쳐 깨우치는 데에 힘쓰도록 해야 합니다. 또 3등급 성적을 받은 사람은 감사가 장려하고 깊이 권고하여 진보하는 데에 힘쓰도록 해야 합니다.

만약 구태의연하고 변변치 못해서 살펴볼 만한 업적이 없다면 전(殿)[4]으로 매기고, 또한 이전과 같이 탐욕스럽고 비루하여 교생의 재물을 강제로 빼앗는다면 죄를 조사하여 처벌해야 합니다. 이와 같이 한다면 훈도의 직책은 매우 중요해져 훈도가 되기를 달가워하지 않던 선비도 역시 기꺼이 맡으려고 할 것입니다."

손님이 물었다.

"지금의 성균관[泮宮]은 수선(首善)[5]이 되는 곳인데, 선비의 습속이 날로 교활해져서 학문을 알지 못하고 한갓 영리만을 도모합니다. 이 또한 어떤 방법으로 구제할 수 있겠습니까?"

주인이 대답했다.

"이는 유생의 잘못이 아닙니다. 조정의 다스리고 이끄는 방법이 옳지 못하기 때문입니다. 지금은 인재를 구하면서 글재주만을 중히 여기고 덕의를 귀하게 여기지 않습니다. 비록 천지에 통달하는 학문과 세상에 드높은 덕행이 있다고 하더라고 만약 과거를 통해서 등용되지 못한다면 그 도를 시험할 길이 없습니다. 또한 성균관에서는 원점(圓點)[6]으로 선비를 모으기 때문에 대체로 선비의 일상생활이 이익을 구하는 수단이 아닌 것이 없게 되었습니다. 다스리고 이끄는 것이 이와 같은데 선비의 습속을 어디서부터 바로잡을 수 있겠습니까?

현재를 위한 계책을 내자면, 마땅히 8도 및 서울의 5부(五部)에서 매년 한 번씩 생원(生員)·진사(進士)·유학(幼學) 중에서 조금이라도 학문에 뜻이 있고 의로운 일이 아니면 하지 않는 사람을 뽑되, 선발 기준이 지나치게 높을 필요는 없을 것입니다. 다만 도학이 숭상할 만하다는 것을 아는 사람을 마땅히 포함시켜서 그 명단을 작성하여 이조 및 예조에 보내고, 이조와 예조는 한곳에 모여서 그 명부를 살피고 다시 상의합니다. 상사생(上舍生)[7] 200명을 뽑아서 태학(太學)에 머물게 하며, 5번(番)으로 나누고 각 번마다 40명을 배정하고, 비록 시골에 있는 사람일지라도 반드시 기한 안에 도착하게 합니다. 또한 유학 200명을 뽑아서 사학(四學)에 나누어 머물게 합니다. 사학마다 각각 50명씩 두고, 역시 5번으로 나누고 각 번마다 10명을 배정합니다. 그들을 '선사(選士)'라고 합니다. 따로 유신 중에서 학문을 이루고 행실이 존경할 만한 사람을 택하여 태학 및 사학의 관리로 삼아 유생을 가르치게 해야 합니다.

　오직 정학(正學)[8]을 연구하여 밝히는 것을 힘써서 그 학문이 인륜에 근본을 두고, 사물의 이치를 밝히는 것에 목적이 있어야 합니다. 선을 택하고 몸을 닦아서 덕을 이루는 것을 목표로 세우게 하며, 다스리는 도를 환히 깨달아서 경세제민(經世濟民)할 것을 목표로 삼게 해야 합니다.

　만약 학문과 행실이 모두 이에 맞는 사람이 있다면 조정에서 벼슬하게 하고 대간이나 시종의 반열에 있게 해야 합니다. 비록 이 정도는 아니지만 행동에 결점이 없고 나이가 40세가 넘은 사람은 역시 백집사[9]의 직위에 임명합니다. 도를 믿는 것이 두텁지 않고 행동을 제대로 검속하지 못하는 사람이 있으면, 그 명부에서 삭제하고 이조와 예조에서 다시 다른 사람을 선택하여 빈자리를 즉시 채워야 합니다. 또한 경제적으로 지원하되 아주 풍족하고 깨끗하게 하여, 조정에서 현인을 대하는 도리를 다해야 합니다. 지방의 유학으로 선발된 경우는 그 수의 많고 적음에 따라 향교나 서원에 머물게 하고, 그들을 인원수에 따라 번(番)을 나누어 관청에서 필요한 물품을 나누어 주며 훈도의 가르침을 받게 해야 합니다.

　지방의 선사 가운데 특히 학문과 덕행이 탁월한 사람은 주현의 수령이 감사에게 보고하고, 감사는 그 명부를 이조와 예조에 올립니다. 이들을 태학(太學)의 하재(下齋)에 거주하게 하여 생원과 다르지 않게 대접하면서, 그 실덕(實德)을 자세히 살펴서 조정에서 승보시(陞補試)[10]를 치르도록 합니다. 이와 같이 한다면 선비 된 자들은 모두 덕의(德義)를 높여야 한다는 것을 알게 될 것이며, 한갓 글재주만을 숭상하지 않을 것이니 무릇 백성은 흥기하고 사방이 감화할 것입니다."

손님이 물었다.

"생원, 진사, 유학으로서 선사에 참여하지 못한 자는 그 이름을 어디에 올려야 합니까?"

주인이 대답했다.

"생원과 진사는 태학에 이름을 올리고, 유학은 사학(四學)에 이름을 올리는데 모두 옛날 그대로 변함이 없습니다. 다만 원점과 관에서 급식하는 것은 하지 않습니다. 단지 석전(釋奠)[11] 및 임금의 성균관 순시, 상소가 있을 때는 일제히 모이고 식당에도 참석하게 합니다."

손님이 물었다.

"지방의 교생 가운데는 글자를 전혀 모르는 사람이 많은데, 어떻게 해야 합니까?"

주인이 대답했다.

"군읍의 유생들은 모두 정원이 있습니다. 그 정원에 속한 유생은 내보내기가 어렵습니다. 다만 나이가 어린 사람을 다시 얻어서 보충하고, 나이가 많지만 재주가 없는 사람은 걸러내야 합니다. 만약 정원 외의 유생 중에 교육이 가능하지 않은 사람은 모두 군액에 보충하는 것이 좋을 것입니다."

손님이 물었다.

"지방의 이른바 업유(業儒)라고 하는 자들은 어느 곳에 두어야 할까요?"

주인이 대답했다.

"이들 중 교육받을 만한 자는 뽑아 모두 향교에 맡기고, 교육이 불가능한 자는 걸러내어 모두 군액에 충당하는 것이 역시 좋을 것입니다.”

손님이 물었다.

“만약 세속에 얽매이지 않은 선비가 있어 적을 둔 데도 없고, 자연에 자취를 숨기며, 문을 닫아걸고 뜻을 구하며, 가난에 구애받지 않고 도를 즐기며, 덕의의 명성이 널리 퍼진 사람이 있다면 장차 그를 어떻게 대우해야 합니까?”

주인이 대답했다.

“이런 사람은 처사(處士)이니 불러올려서 그 허실을 살펴야 합니다. 그래서 헛되이 이름을 얻은 것이 아니라면 마땅히 순서에 상관없이 특별하게 직위를 주어 임금을 돕도록 해야 합니다.”

손님이 물었다.

“생원과 진사가 원점을 하지 않는다면 과거에 응시하는 데에 있어 유학과 다른 점이 없겠군요?”

주인이 대답했다.

“그렇습니다.”

손님이 물었다.

“선사와 보통 유생의 과거 응시 규정 역시 다르지 않습니까?”

주인이 대답했다.

“식년시 및 대과 별시를 제외하고, 정시(庭試)[12]는 선사만 참여하게 하고 보통 유생은 참여하지 못하게 해야 합니다. 식년시에서는 생원과 진사로서 선사가 된 자는 관시(館試)[13]에 나아가게 하고, 그 나머지 생원과 진사는 향시(鄕試)와 한성시(漢城試)에 나아가게 해야 합니다. 이와 같이 하면 여러 유생이 더욱 선사의 중요함을 알게 될 것입니다."

손님이 물었다.

"선생의 말이 진실로 좋으니 삼대 때 인재를 얻는 법도 거의 그랬을 것입니다. 다만 세상의 도가 이미 땅에 떨어지고 백성의 거짓이 날로 더해져서, 선발할 때 공도(公道)를 따르지 않는다면 어찌해야 합니까?"

주인이 대답했다.

"이 역시 세상의 속된 견해입니다. 옛날부터 입법(立法)은 진실로 적절한 사람을 기다려서 행하던 것입니다. 그렇지만 그런 사람이 없다고 해서 법을 만들지 않은 것은 아닙니다. 이 법이 이미 행해졌다면 풍속이 점차 변화하고 선비가 염치를 알게 되니, 사리사욕에 눈이 멀어 불법을 행하는 폐단 역시 자연스럽게 없어졌을 것입니다. 만일 사리사욕을 따르는 폐단을 염려하여 한갓 정해진 법규만을 고수한다면 사사로운 욕심의 그물에서 벗어날 수 있는 사람이 없을 것입니다. 이렇게 하고서도 교육을 잘하여 인재를 길러낼 수 있겠습니까?"

손님이 물었다.

"세상에 현자는 지극히 드물고 현자가 아닌 사람은 무수히 많으니, 선생의 말대로 한다면 어찌 온 세상이 군자를 원수로 여기지 않겠습니까?"

주인이 대답했다.

"옛날부터 선정을 베푸는 사람치고 처음에 비방을 받지 않은 사람이 없었습니다. 자산(子産)[14]이 정나라 재상이 되었을 때 1년 동안 비방이 그치지 않았으며 뭇사람이 그를 죽이자고 했으나, 3년 후에는 비방이 그치고 사람들은 오히려 그가 죽을까 염려하였습니다. 공자가 노나라 재상이 되었을 때 '버려도 죄가 없다[投之無戾]'[15]라고 비방하는 노래가 불렸지만, 교화가 이루어지자 혜아무사(惠我無私)[16]의 노래가 유행했습니다.

오직 옛 도를 굳게 지키면서 변함없이 힘써 행하며, 그치거나 성내지 말아야 합니다. 그렇게 하면 백성의 마음이 안정될 것입니다. 또한 이 법을 행할 때 오직 잘못을 고치는 것만 허락하고 과거의 잘못을 마음에 새겨두지 않아야 합니다. 그러면 군자는 허물을 아주 빨리 고치고, 소인은 겉모양만이라도 고쳐서[17], 모두 인재를 양성[18]하는 데에 참여하기를 원할 것입니다. 어찌 원망하고 헐뜯을 것을 염려하겠습니까?"

손님이 물었다.

"왕도를 실행함에 있어 과연 이것으로 충분합니까?"

주인이 대답했다.

"내가 지금까지 말한 것은 모두 현재를 구하는 대책이지 왕도에 충분한 방법은 아닙니다. 대체로 백성을 편안하게 부양했다면 예와 악으로 교화하는 것이 점차 행해지겠지만, 하루아침에 모두 시행할 수는 없는 노릇입니다. 반드시 풍속을 아름답게 변화시키고, 산업을 바로잡아 정전제의 취지를 이루며, 인재 등용을 주나라 관제에 맞게 하고, 신(神)을 삼대의 예에 맞게 섬겨야 합니다. 그런 후에야 왕도에 가깝게 될 것입니다. 지금 토지 소유에 제한이 없어서 빈부가 아주 크게 차이가 나고, 백성은 검속(檢束)함이 없어 향약이 무너졌습니다. 과거의 규정이 오히려 빈흥(賓興)[19]보다도 부끄러운 면이 있고, 삼청전(三淸殿)[20]에 초제(醮祭)를 지내 오히려 이교(異敎)가 끊어지지 않았으며, 종묘의 예는 옛

제도와 부합하지 못하고 있습니다. 따라서 왕도에 이르는 것을 어찌 쉽게 말할 수 있겠습니까? 마땅히 다음에 다시 말해야 할 것입니다."

✶

　제3부 '정치의 방법과 실천'의 마지막에 해당하는 네 번째 장에서는 백성을 교화하는 방법에 대해 논하고 있다. 이이는 앞서 9장에서 폐단을 개혁하여 백성의 생활을 편안하게 할 것을 주장했다. 이어 이번 장에서는 백성을 교화해야 한다고 한다. 그 방법으로 학교를 가장 우선해야 한다고 지적했다. 제도적으로 이미 운영되고 있는 학교를 활용할 것을 주문한 것이다.

　성균관이나 향교처럼 국가에서 운영하는 학교는 조선 초부터 마련되어 있었다. 따라서 이를 다시 교화의 방법으로 삼아야 한다니 무슨 까닭에서일까?

　학교만 있을 뿐 교화의 효과가 없었다는 것이 학교제도의 개편 이유다. 학교에 대한 좋은 대책을 시행하지 않아서 문제가 된 것이기 때문에 먼저 교육의 주체인 훈도(訓導)를 획기적으로 바꿀 것을 요구했다.

　이이는 당시에 훈도가 매우 비천한 직책으로 여겨져 역량이 떨어지는 사람이 맡고 있음을 비판하고 그 대안으로 각 지방에서 3년에 한 번 경전과 역사를 잘 알고 교육을 감당할 만한 사람을 뽑아서 이조에 보내고 이조에서 공론을 살펴서 선정해야 한다고 말했다. 이렇게 선발한 훈도에 대해서는 지방관이라고 하더라도 각별하게 우대하도록 했다.

또한 유생의 경우에도 그 결과에 따라 등급을 나누어서 포상하고 관직에 임명할 것을 제안했다. 문제는 최고 학부였던 성균관조차 학문보다는 이익을 구하는 곳으로 전락한 현실이었다. 이에 대해 이이는 이것을 유생의 탓으로 돌리지 말고 조정에서 먼저 유생을 올바르게 이끌 방법을 강구할 것을 강조했다.

구체적으로 기존의 성균관과 서울의 사학(四學)에 전국의 유생 가운데 이에 포함될 만한 적절한 인원을 각 200명씩 선발하여 돌아가며 머물게 하고 교육시키는 안을 제시했다. 특히 이이는 다른 이들의 모범이 될 만한 사람을 '선사(選士)'로 선발하여 주도적으로 교육하도록 했다.

기본적으로는 기존의 제도인 성균관, 사부와 향교 등을 그대로 유지하면서도 교육의 내용을 충실하게 만들기 위한 노력이었다. 특히 성균관의 경우 식사를 하고 나서 기록하는 원점(圓點)이라는 출석 점수가 과거 시험에 응할 자격이 되었던 것을 비판하고, 석전(釋奠) 등의 행사가 있을 때만 식당에 모일 것을 제안했다.

이 밖에도 글도 모르면서 지방의 향교에 교생으로 있는 경우, 정원 내의 교생은 걸러서 정원에 두고 정원 외의 교생 가운데 교육이 불가능한 사람은 군액을 보충하게 할 것을 논했다. 군역을 피하기 위해 향교에 이름만 올린 사람들을 정리하기 위한 방안이었다. 또 세속에 얽매이지 않고 학문을 독실하게 하는 처사(處士)를 불러올려 능력에 맞게 처우하고 임금을 돕게 할 것을 주문하기도 했다.

이러한 여러 대책을 제안했음에도 불구하고 이미 그런 대책이 소용없을 정도로 세상이 바뀌었다고 시행하기를 꺼릴 수도 있다. 이에 대해 이이는 법을 만들 적절한 인물을 기다려야 하지만 적임자가 없어도 법을 만들어 실행한다면 풍속이 변하고, 선비들도 염치를 알게 될 것이라고 했다. 사리사욕을 따르고 정해진 규범만을 준수해서는 해결할 수 없다고 강조했다.

궁극적으로 이러한 교육 정책이 왕도의 실현에 적합한지 의문이 들 수 있다. 이이는 이러한 교육 정책보다도 백성을 편안하게 부양하는 것이 우선임을 다시 한 번 강조한다. 또한 빈부 격차가 크고, 토지 소유가 불균등하며, 윤리가 무너지고 향약이 지켜지지 않으며, 도교 같은 이교(異敎)가 성행하고, 종묘의 제도가 옛 제도와 부합하지 않는 현실에서 왕도의 실현은 쉽게 될 수 없으며 꾸준히 실천해야 할 과제임을 인정하였다.

論教人之術

客曰: "旣革弊法, 以安斯民, 則復何所事?" 主人曰: "養民然後, 可施教化, 設敎之術, 莫先於學校。" 客曰: "朝廷於學校之政, 非不講究善策, 而終不見效, 何歟?" 主人曰: "止聲而求響, 潛形而覓影, 自古及今, 未之有也。今之學校之政, 付之無可奈何之域, 不求善策, 故未見其效耳。非有功而無效也。今者, 以訓導爲至賤之任, 必得貧困無資者而授其位, 使免其飢寒。爲訓導者, 亦徒知侵漁校生以自肥而已。夫孰知教誨之爲何事耶? 如是而欲望作成人才, 何異於緣木而求魚耶? 爲今之計, 莫如使八道監司, 移文列邑, 每三年一度, 選其鄉人之能通經史, 稍知向方, 可爲人師者, 錄其名, 報于監司。監司合諸邑之選而移于吏曹, 吏曹案其簿, 博採公論, 更加精擇。凡差訓導之際, 必以其邑之人授之, 其邑無人, 則授鄰邑之人, 鄰邑又無人, 則授以其道之人。不限其箇滿, 惟以成教爲期。使命之行, 待之以禮, 不入鄉校, 則不使祗迎, 除儒生試講之外, 凡公會竝不來參。使訓導持身自重, 勉勵學者。然後每年監司親臨, 考其成績, 但試儒生, 不試訓導。若使儒生能知道學之可尙, 整其威儀, 飭其行檢, 其讀書, 務以窮理爲要, 則續之上也。若使儒生讀書不倦, 操行無疵, 雖不免科擧之習, 而不至奪志於榮進, 則其次也。若使儒生曉解文義, 能善製述, 則又其次也。績之上者, 馳啓論賞, 授以六品之職, 以聳動士林。其次者, 亦啓其勞, 加其資級, 以示褒賞, 使勉於教誨。又其次者, 監司深加獎勸, 使之勖勵進步。若其依舊碌碌, 無績可考者, 卽課以殿。又若依舊貪鄙, 誅求校生者, 按律治罪。夫如是, 則訓導之職甚重, 而不屑就之士, 亦有肯爲者矣。" 客曰: "今之泮宮, 首善之地, 而士習日偸, 不知學問, 徒慕榮利, 亦何術而可救耶?" 主人曰: "此非儒生之過也。朝廷之導率, 未得其道也。今之取人, 只以文藝爲重,不以德義爲貴。雖有通天之學, 高世之行, 若不因科第而進, 無由少試其道。且於泮宮, 以圓點會士, 凡士之日用行事, 無非求利之術。導率如此, 則士習何由可正乎? 爲今之計, 當使八道及京師五部, 每年一度選生員·進士·幼學之稍有學問之志, 不爲非義之人。不必太高其選, 只知道學之可尙者, 皆當與焉。錄其名, 悉移于吏曹及禮曹, 吏曹·禮曹會于一處, 按其簿而更加商議。取上舍生二百人, 居于太學, 分五番, 每番四十人, 雖在鄉者, 必及期而至。又取幼學二百人, 分處四學, 每學五十人, 亦分五番, 每番十人, 名之曰選士。別擇儒臣之學成行尊者, 爲太學及四學之官, 使誨諸生, 惟以講明正學爲務。其學必本於人倫, 明乎物理, 擇善修身, 以成德爲期, 曉達治道, 以經濟爲志。若有學行皆中於是者, 則卽陞于朝, 使居臺·侍之列。雖不及此, 而行無瑕玷, 年過四十者, 亦授以百執事之職。如有信道不篤, 行己無檢者, 刊除其籍, 吏禮·曹更擇他人, 隨闕隨補。且其廩養之具, 極其豐潔, 以盡朝廷待賢之道。若外方幼學與選之人, 則隨其多少, 居于鄉校或書院, 量宜分番, 官給供具, 使受教于訓導。若於外方選士中, 別有學行卓異者, 州縣報于監司, 監司錄其名, 移于吏·禮曹。俾居于太學下齋, 接待與生員無異, 觀其實德而陞補于朝。夫如是, 則爲士者, 皆知德義之可尊, 不徒文藝之爲尙, 凡民興起而四方風動矣。"客曰: "生·進·幼學之不參選士者, 當籍名于何所耶?"主人曰: "生·進則籍名于太學, 幼學則籍名于四學, 皆依舊矣, 但不爲圓點, 不食官養。只於釋奠及主上視學及上疏章之時, 則一齊聚會, 乃參食堂矣。"客曰: "外方校生, 多有不識一字者, 何以處之?"主人曰: "郡邑之儒, 皆有定數, 數內儒生, 汰去似難。但更得年少者補之, 而汰其年長無才者耳。若數外儒生之不可教者, 則悉補軍額可也。"客曰: "外方所謂業儒者, 置之何地耶?"主人曰: "此則擇其可教者, 而悉歸之鄉校, 汰其不可教者, 而悉充于軍額, 亦可也。"客曰: "若有不羈之士, 無所寄名, 遯迹山樊,杜門求志, 安貧樂道, 德義之聲, 播于遠邇, 則將何以待之耶?"主人曰:"如此之人, 徵以處士, 察其虛實, 名不虛得也, 則當待以不次之位, 使任補袞之責矣。"客曰:"生員·進士, 不爲圓點, 則其應擧與幼學無異耶?"主人曰:"然。"客曰:"選士與凡儒應擧之規, 亦無異耶?"主人曰:"除式年及大擧別試之外, 凡庭試則只選士得參, 而凡儒不與焉。式年則生·進爲選士者赴館試, 其餘生·進, 赴鄉·漢城試。夫如是, 則諸生尤知選士之爲重矣。"客曰:"子言固善矣。庶幾三代取人之法矣。但世道已降, 民僞日滋, 選拔之時, 不徇公道, 則奈何?"主人曰:"此亦流俗之見也。自古立法, 固是待人而行, 亦不爲無人而不立其法也。玆法旣行, 風俗漸變, 士知廉恥, 則徇私之弊, 亦當自止矣。若以徇私爲懼, 而徒守常規, 則利欲之網, 無人得脫。尙可以明教而作人乎?"客曰:"世間賢者至鮮, 不賢者至衆, 子言若行, 則豈不至於擧一世而仇君子乎?"主人曰:"自古善爲政者, 其初莫不有謗。子產相鄭一年而謗興, 輿人誦其欲殺, 三年而謗止, 輿人猶恐其死焉。孔子相魯, 投之無戾之歌, 雖發於初政, 惠我無私之頌, 旋作於化成。惟堅守古道, 力行無變, 不沮不怒, 然後民心可定也。且玆法之行, 惟許改過, 不念舊惡, 則君子豹變, 小人革面, 皆欲入於陶鑄之中矣。怨謗之作, 何患其不止乎?"客曰:"王道之行, 果止於此乎?"主人曰:"吾所云云者, 皆救時之策也, 非王道之至者也。夫旣安養斯民, 則禮樂·敎化, 行之有漸, 不可一日而盡施也。必使風俗有於變之美, 制産得井田之意, 用人合《周官》之度, 事神遵三代之禮, 然後王道之至者, 可庶幾也。今者, 田無限制而貧富懸絶, 民無檢束而鄉約廢壞, 科擧之規, 尙有愧於賓興, 三淸之醮, 尙未絶其異敎, 宗廟之禮, 尙未合於古制, 則王道之至者, 烏可易言耶? 當待明時更說耳。"

11

정명(正名)이 정치의 근본

손님이 물었다.

"현재의 급선무가 단지 백성을 편안하게 하고 인재를 양성하는 것뿐입니까?"

주인이 대답했다.

"좋은 질문입니다. 백성을 편안하게 하고 인재를 양성하는 것은 진실로 현재의 급선무입니다. 다만 국시(國是)가 아직 정해지지 않았고[1] 명분을 바로잡는 것이 아직 끝나지 않았으니, 백성을 편안하게 하고 인재를 양성하려 해도 방법이 없습니다. 조선이 개국한 이래로 옳음과 그릇됨이 융성하거나 쇠퇴함이 진실로 수없이 되풀이되었으나 사림(士林)을 모조리 죽여 나라의 명맥을 끊어놓을 정도에 이른 것은 을사년의 사화에 가장 심했습니다. 정순붕·윤원형·이기·임백령[2]·허자[3] 등 다섯 간흉은 죄가 하늘에 통하였으니 반드시 죽여 용서할 수 없는 자들입니다. 문정왕후는 깊은 궁중에 계셨고, 명종은 어린 나이에 상을 당하여 깊이 근심하였으니 궁 밖의 옳고 그름을 어떻게 분명히 볼 수 있었겠습니까? 다섯 간흉이 기회를 틈타 이익을 꾀하여 참혹한 살육으로 위세를 세우려 하였으며, 적몰한 재물로 자신들의 집을 부유하게 하려고 하였습니다. 이에 뜬소문을 만들어 임금을 속이고, 형벌을 가혹하게 하여 억지로 거짓 자복하게 하였고, 불량배들을 모아 세력을 확장하고, 한 시대의 충성스럽고 어진 이들을 모조리 몰아서 반역의 깊은 구덩이에 빠뜨렸습니다. 또 공론이 끝내 없어지지 않을 것을 두려워하여 나직법(羅織法)⁴을 만들어 만약 길거리에서 떠도는 소문을 가지고 조금이라도 시비를 가리는 자가 있으면 그때마다 역적을 비호한다는 명목을 내세워 삼족(三族)을 멸하는 법⁵으로 다스렸고, 흉악한 음모가 이루어지자 위사공신(衛社功臣)⁶으로 기록하였던 것입니다. 아! 인종 임금께서 위독하실 때에 유교(遺敎)가 간곡하셨고 중종의 적자가 다만 한 분이 남았을 뿐이니, 형이 죽으면 아우가 계승하는 것은 하늘의 이치와 사람의 도리에 맞는 일입니다. 저 다섯 간흉에게 어떤 작은 공로라도 있습니까? 이때에 모든 관리가 두려워 벌벌 떨고 모든 백성이 슬퍼하고 분개하였으니, 나라가 망하지 않은 것이 천만다행한 일입니다. 근래에 다섯 간흉이 이미 죽고 공론이 다시 일어나 위로는 공경으로부터 아래로는 백성과 노비에 이르기까지 모두 강개하여 팔을 걷어붙이고 다섯 간흉의 살점을 씹으려 하는데 다만 주상만 그것을 모르실 따름입니다."

손님이 물었다.

"주상이 모르신다는 것을 어떻게 확인할 수 있습니까?"

주인이 대답했다.

"옛날에 곽공(郭公)[7]은 선인을 좋아했으나 쓰지를 못하였고, 악한 자를 미워하였으나 버리지 못하여 결국 나라를 망하게 하였습니다. 지금 우리 주상은 총명하고 슬기로움이 백관보다 뛰어나시니 만약 다섯 간흉의 죄를 아신다면 반드시 불끈 한 번 노하여 이미 죽은 자들일지라도 벌을 내리실 것인데 지금까지 잠잠하므로 주상이 모르신다고 생각할 따름입니다.

아! 여러 신하가 임금을 섬기는 것이 지극정성이 아니라고 할 수 있습니다. 지금 제일 먼저 해야 할 일로 정명(正名)만 한 것이 없는데 주상에게 고하지 않음은 무슨 까닭이겠습니까? 공자께서 말씀하시기를, '명분이 바르지 않으면 말이 순하지 못하고, 말이 순하지 못하면 일이 이루어지지 않고, 일이 이루어지지 않으면 예악을 일으키지 못하고, 예악을 일으키지 못하면 형벌이 적절하지 못하고, 형벌이 적절하지 못하면 백성이 손발을 둘 곳이 없다.'[8]고 하였는데 지금 충직하고 올바른 말을 하는 신하가 역적으로 배척되고, 간신의 우두머리가 공신으로 기록되어 있으니, 명분이 바르지 않은 것이 이보다 더 심할 수가 없습니다. 당장 해야 할 일은 무엇보다도 먼저 다섯 간흉의 죄를 폭로하여 관작을 삭탈하고 사직을 보호했다는 공훈을 모두 없애고 죄 없는 사람은 모두 사면하여 이 사실을 종묘사직에 고하고 안팎에 널리 알림으로써 온 나라 사람들과 함께 새롭게 시작하는 것입니다. 대개 이렇게 하면 위로는 선왕들의 영혼을 위로하고 아래로는 조정과 재야의 분통한 마음을 풀어주어서 정치가 차츰 이루어질 것입니다."

손님이 물었다.

"선생의 말은 참으로 당장의 시급한 일에는 적절하지만 다만 선왕이 이미 정해놓은 일을 후대의 왕이 어찌 감히 고치겠습니까?"

주인이 여러 번 길게 한숨짓고 나서 말했다.

"세속의 속된 견해가 한결같이 이러하다면 참다운 정치는 끝내 회복할 수 없을 것입니다. 효라는 것은 선인(先人)의 뜻을 잘 잇고 선인의 일을 잘 따르는 것입니다.[9] 선한 것을 좋아하고 악한 것을 싫어함은 명종의 뜻이고 선을 권하고 악을 징계함은 명종 때의 일인데, 저 간사한 무리가 임금의 총명을 기만하여 한때 간사한 술책을 부릴 수 있었지만 만세토록 그 형벌을 피하기는 어려울 것입니다. 지금 우리 명종께서는 하늘에 계시면서 간사한 무리의 죄상을 이미 모두 통찰하시고, 또한 저승에서도 반드시 진노하시어 우리 주상의 손을 빌리고 싶어 하실 것이니, 주상은 그 뜻을 잇고 그 일을 실행하여 하늘에 계신 명종의 뜻에 부응해야 하겠습니까? 아니면 잘못된 것을 그대로 이어나가 지하에 있는 간흉들의 귀신을 기쁘게 해야겠습니까? 아! 국시(國是)가 정해지지 않으면 인심이 동요하기 쉽고, 명분을 바로 하지 않으면 좋은 정치가 이루어지기 어려울 것입니다. 만약에 간신들의 소굴을 소탕하여 국가의 원기를 보호하지 않는다면, 군자는 믿을 곳이 없어 충성을 다하지 못할 것이요, 소인은 틈을 엿보아 계속해서 악을 행하려 할 것이니 나라가 제대로 될는지 알 수 없는 일입니다. 만일 그대 말대로 이미 정해진 일이라고 핑계 대고 고치지 않는 것을 효라고 한다면, 옛날에 문왕은 상나라를 섬겼는데 무왕은 주왕(紂王)를 벌주었으니 이것도 아버지의 도를 배반했다고 할 수 있겠군요?"

손님이 두 번 절하고 말했다.

"선생의 말이 매우 좋습니다! 선생의 의견이 만약 실행된다면 우리나라가 앞으로 삼황오제의 지치(至治)를 보게 될 것입니다."

주인은 돌아가서 그 말을 기록하였다.

❀

제4부 결론에서는 이름을 올바르게 하는 것이 정치의 근본이라는 취지의 글로 앞서의 내용을 정리한다. 9장과 10장의 내용을 근거로 손님은 주인에게 백성을 편안하게 하고 인재를 양성하는 것이 현 정치의 급선무인지 묻는다. 이이는 이 두 가지 임무가 정치에서 해결해야 할 급선무임에는 틀림없지만 아직 국시(國是)가 정해지지 않아서 명분이 바로잡히지 않았기에 백성을 편안하게 하고 인재를 양성할 방법이 없음을 지적한다.

그렇다면 어떻게 이 문제를 해결할 수 있을까? 이이는 구체적으로 이와 같이 된 데에는 가장 최근의 사건인 을사사화에 그 원인이 있다고 보았다. 따라서 정순붕·윤원형·이기·임백령·허자 등 다섯 사람이 국난의 원인을 제공했다고 분명하게 제시했다. 그런데도 이런 사실을 선조만이 모르고 있다고 한다. 왜냐하면 이들의 죄상이 분명한데도 형벌을 내리지 않기 때문이라고 하였다.

결국 이이는 임금을 섬기는 데에 이름을 바로 하는 것보다 더 중요한 것은 없다는 점을 강조했다. 공자 역시 자신한테 정치를 맡기면 가장 먼저 정명, 즉 이름을 바로잡는 일을 하겠다고 했다. 이이는 다섯 간흉의 죄를 폭로하고 관작을 삭탈하고, 공신받은 것을 모두 몰수하는 등의 조치를 취해야 새로운 정치가 가능할 것이라고 주장한다.

이러한 결론에도 불구하고 선왕인 명종이 한 일을 뒤집는 것은 선조로서는 쉽지 않은 일일 것이다. 그래서 이이는 명종이 간사한 술책에 속았던 것으로, 지금은 하늘에서도 분명 이들 간흉의 죄를 통찰하여 처벌을 원하고 있을 것이며, 그렇게 해야 국가가 보존될 수 있음을 분명히 하였다. 진정한 효는 고치지 않는 것이 아니라 보편적인 원칙을 좇는 것임을 끝으로 제시하였다.

論正名爲治道之本

客曰:"當今急務, 只在安民作人而已乎?"主人曰:"善哉, 問! 安民作人, 固今世之急務也。但國是未定, 正名未盡, 則雖欲安民作人, 其道無由。我朝自開國以來, 正邪消長, 固多反復, 而至於殄殲士林, 斬絶國脉, 則莫甚於乙巳之禍。鄭順朋·尹元衡·李芑·林百齡·許磁: 斯五姦者, 罪通于天, 必殺無赦者也。文定塞淵于深宮之裏, 明宗宅憂于幼冲之日, 外間是非, 何由灼見乎? 斯五姦者, 乘時謀利, 欲以殺戮之酷立其威, 以籍沒之財富其家。乃造飛語以罔聖聽, 設嚴刑以取誣服, 聚羣不逞之徒以張其勢, 擧一世之忠賢, 悉陷于叛逆之深坑。又恐公議之不可終泯, 則乃作羅織之法, 若有街談·巷議稍分是非者, 則輒加以庇護逆臣之名, 以參夷之典隨之。兇謀旣遂, 錄以衛社之功。嗟呼! 仁廟大漸, 遺教丁寧, 中宗嫡嗣, 只餘一人, 兄亡弟紹, 允合天人。彼五姦者, 有何寸功? 當是之時, 百僚戰懼, 萬姓悲憤, 宗社之不亡, 實是天幸也。近來五姦已死, 公議復發, 上自公卿, 下至氓隷, 莫不忼慨扼腕, 欲食五姦之肉, 特主上獨未之知耳。"客曰:"何以明其主上不知耶?"主人曰:"昔者, 郭公善善而不能用, 惡惡而不能去, 卒以亡國。今我主上聰明睿智, 卓冠百工, 若知五姦之罪, 則必赫然一怒, 誅于旣死, 而至今寂寥, 故以爲主上不知耳。嗚呼! 羣臣之事主上, 可謂非至誠矣。當今第一義, 莫大於正名, 而不告主上, 何耶? 孔子曰, '名不正則言不順; 言不順則事不成; 事不成則禮樂不興; 禮樂不興則刑罰不中; 刑罰不中則民無所措手足。'今者, 忠讜之臣, 斥爲叛逆; 姦慝之魁, 錄爲功臣, 名之不正, 莫甚於此。爲今之計, 莫若暴揚五姦之罪, 奪其官爵, 盡削衛社之勳, 悉宥無罪之人, 以此告于宗廟·社稷, 頒教中外, 與一國更始。夫如是, 則上以慰祖宗陟降之靈, 下以安朝野憤惋之懷, 維新之政, 次第可擧矣。"客曰:"子言固切於時務矣。但先王已定之事, 後王安敢改革?"主人長吁數聲曰:"流俗之見, 一至於此, 至治終不可復也。夫孝者, 善繼人之志, 善述人之事者也。好善嫉惡者, 明宗之志也; 勸善懲惡者, 明宗之事也。彼憸邪之輩, 罔聖欺明, 縱售姦術於一時, 難逃鈇鉞於萬世。今我明宗, 於昭于天, 其於姦狀, 已悉洞照, 亦必震怒于冥漠之中, 欲假手于我主上矣。主上其將繼志述事, 以副明宗在天之心耶? 抑將承訛踵謬, 以悅姦兇地中之鬼耶? 嗚呼! 國是未定, 則人心易搖, 正名未盡, 則善政難成。若不埽蕩姦宄之囊橐, 扶護國家之元氣, 則君子無所恃而罔盡其忠; 小人有所窺而欲紹其惡, 國之爲國, 未可知也。若如子言, 諉以已定之事, 必以無改爲孝, 則昔者文王事商, 而武王誅紂, 此亦可謂畔父之道乎?"客再拜曰:"善乎, 吾子之說! 子說若行, 東方將見三五之至治矣。"主人退而記其說。

주석

참고문헌

동호문답(東湖問答) 기사(己巳)○월과(月課)

1 월과(月課)는 성균관이나 독서당에서 매달 시행하는 시험을 말한다. 여기서는 독서
  당에서 매월 치르는 시험의 결과로 제출한 보고서를 말한다.

01
임금의 도리

1 출류(出類). 출류발췌(出類拔萃)의 줄임말로 보통 사람보다 훨씬 뛰어남을 말한다.
2 맹자의 불인지심(不忍之心)으로, 남의 불행을 마음 편하게 보아 넘기지 못하는 마
  음이다.
3 왕도(王道)의 바탕은 인(仁)과 덕(德)으로, 중국의 유가(儒家)들이 이상(理想)으로
  삼았던 정치사상이다. 덕을 정치의 원리로 삼는 사상은 『서경(書經)』이나 『논어』 등
  에서도 보이지만, 왕도를 패도(覇道)와 대비시켜 명확하게 구분한 것은 전국시대의
  맹자(孟子)이다. 인의(仁義)라는 덕에 의하여 난세를 통일하고 사회에 질서와 안정
  을 꾀했던 왕도사상은 맹자의 핵심 정치사상이었다.
4 패도(覇道)는 패자(覇者)가 취하는 도(道)로서, 인의(仁義)를 가볍게 여기고 무력과
  권모로 천하를 다스리는 방법이다. 왕도(王道)의 반대 개념이다.

5 오제(五帝)는 상고 시대 중국의 다섯 임금으로, 황제(皇帝)·전욱(顓頊)·제곡(帝嚳)·요(堯)·순(舜)을 말한다. 이설에 따르면 소호(少昊)·전욱·제곡·요·순이라고도 한다. 삼왕(三王)은 하·은·주 삼대의 성왕(聖王)이라는 뜻으로, 중국 고대의 세 임금인 하(夏)의 우왕(禹王), 은(殷)의 탕왕(湯王), 주(周)의 문왕(文王) 혹은 무왕(武王)을 가리킨다.

6 칠요(七曜)는 일곱 개의 별로, 해·달·금성(金星)·목성(木星)·수성(水星)·화성(火星)·토성(土星)이다.

7 『서경(書經)』「홍범(洪範)」조에 나오는 다섯 가지 징조를 말한다. 아름다운 징조(五徵)는 엄숙함에 제때 비가 내리고, 조리(條理)가 있음에 제때 날이 개고, 지혜로움에 제때 날이 따뜻하며, 헤아림에 제때 날이 추우며, 성스러움에 제때에 바람이 부는 것이다. 나쁜 징조는 미친 짓을 함에 항상 비가 내리고, 참람한 짓을 함에 항상 볕이 나며, 게으름에 항상 날씨가 더우며, 급박함에 항상 날씨가 추우며, 몽매함에 항상 바람이 부는 것이다. 여기서는 다섯 가지 아름다운 징조를 말한다.

8 태갑(太甲)은 상(商)나라 제3대 임금인 태종(太宗)의 이름이다. 성탕(成湯)의 손자이고 태정(太丁)의 아들로, 중임(仲壬)을 이어 즉위했으나 곧 법을 어기고 방탕 포악하게 생활하다 이윤(伊尹)에 의해 쫓겨났다. 3년 뒤 자신의 잘못을 반성하자 이윤이 맞아들여 복위시켰다. 그 뒤 정치에 힘써 제후들이 상나라로 귀의했고, 백성들도 안정을 되찾았다. 12년간 재위했다.

9 성왕(成王)은 서주(西周)의 임금으로 성은 희(姬)고 이름은 송(誦)이다. 주나라 무왕(武王)의 아들로 어려서 즉위하여 숙부인 주공(周公) 단(旦)이 섭정했다. 친정한 이후에는 주공 단과 소공(召公) 석(奭)의 보좌를 받아 치세에 힘써 강왕(康王) 시대에 이르는 주나라의 태평성대를 실현했다. 동도(東都)를 경영하고 욕겹(郟鄏)에 정(鼎)을 두는 등 주나라 왕실의 통치 기반을 다졌다. 주공의 섭정 7년과 친정 30년 등 37년간 재위했다.

10 전형(典刑)은 법률과 제도를 아울러 이르는 말이다.

11 진(晉) 문공(文公, BC 697~BC 628)은 춘추시대 진나라의 임금으로, 춘추오패(春秋五覇)의 한 사람이며 이름은 중이(重耳)이다. 헌공(獻公)의 둘째 아들로 아버지가 총애하던 여희(驪姬)의 참소를 믿고 태자 신생(申生)을 죽이고 망명하여 19년 동안

천하를 떠돌았다. 진(秦) 목공(穆公)의 도움으로 즉위하였으며, 어진 신하를 등용해서 난국을 수습하고 국력을 강화했다. 주 왕실의 왕자 대(帶)의 반란을 평정하고 주(周) 양왕(襄王)을 맞아 복위시키면서 존왕(尊王)을 호소해 위신을 세웠다. 성복(城濮) 전투에서 초(楚)·진(陳)·채(蔡) 세 나라의 군대를 대파하고, 천토(踐土)에서 제후를 회합해 패주(霸主)로 자리했다. 제(齊) 환공(桓公)에 이어 제후의 맹주(盟主)가 되었으며 9년간 재위했다.

12 진(晉) 도공(悼公, BC 586~BC 558)은 춘추시대 진나라의 임금으로 이름은 주(周) 또는 규(糾)이고, 양공(襄公)의 증손이다. 난서(欒書)가 여공(厲公)을 살해하고 주(周)나라에서 맞이했다. 공업(功業)을 닦고 덕정을 베풀면서, 제후를 모아 여러 차례 초(楚)나라와 정(鄭)나라를 두고 전쟁을 벌였는데, 정나라가 항복하자 초나라도 감히 다투지 못했다. 육경(六卿)에게 제후들과 회합하여 진(秦)나라를 정벌하도록 하여 진나라 땅으로 깊이 들어가 경수(涇水)를 지나 역림(棫林)까지 이르렀지만 장수들 사이에 뜻이 맞지 않아 철수했다. 15년간 재위했다.

13 한 고조 유방(BC 202~BC 195)은 전한의 초대 황제로, 자는 계(季)이고 묘호는 고조(高祖)이며, 패(沛) 사람이다. 진이세(秦二世) 원년(BC 209)에 진승(陳勝)이 반란을 일으키자 이에 호응해 거병하고 패공(沛公)으로 불렸다. 처음에 항량(項梁)에 속했다가 항우(項羽)와 함께 반진(反秦) 세력의 주력이 되었다. 한왕(漢王) 원년에 함양(咸陽)을 공격해 점령하고 진나라의 왕자 영(嬰)이 항복하자 약법삼장(約法三章)을 시행하면서 진나라의 가혹한 법령을 없앴다. 항우가 입관(入關)한 뒤 제후들을 봉할 때 한왕(漢王)에 봉해졌다. 얼마 뒤 항우와 결전 끝에 승리를 거두고 황제로 즉위해 한왕조(漢王朝)를 세웠다. 8년간 재위했다.

14 한 문제 유항(劉恒, BC 202~BC 157)은 전한의 제5대 황제로 고조(高祖) 유방(劉邦)의 넷째 아들이다. 처음에 대왕(代王)에 책봉되어 중도(中都)에 도읍했다가 여씨(呂氏)의 난이 평정된 뒤 태위 주발(周勃)과 승상 진평(陳平) 등 중신의 옹립으로 제위에 올랐다. 고조의 군국제(郡國制)를 계승하고, 전조(田租)와 인두세(人頭稅)를 감면했다. 가혹한 형벌을 폐지했고, 흉노에 대한 화친(和親) 정책 등으로 민생 안정과 국력 배양에 힘을 기울였다. 뒤를 이은 경제(景帝)와 함께 '문경지치(文景之治)'를 이루었다. 시호는 효문황제(孝文皇帝)로 23년간 재위했다.

15 현묵(玄黙)은 현묘한 도를 묵묵히 생각하여 법령이나 군사를 너무 떠벌이지 않고 백성이 절로 교화되도록 하는 일이다.

16 당 태종 이세민(598~649)은 당나라 제2대 황제로 시호는 태종(太宗)이다. 아버지는 고조 이연(李淵)이고 어머니는 두(竇)씨다. 수나라 양제(煬帝)의 폭정으로 내란의 양상이 짙어지자 수나라 타도의 뜻을 품고 태원(太原) 방면 군사령관이었던 아버지를 설득하여 거병해 장안(長安)을 점령하고 당나라를 건립했다. 왕위 쟁탈전을 치르면서 무덕(武德) 9년(626) 아버지의 양위를 받아 즉위했다. 수 양제의 실패를 거울 삼아 명신 위징(魏徵) 등의 의견을 받아들여 사심을 누르고 백성을 불쌍히 여기는 지극히 공정한 정치를 하기에 힘썼다. 그의 치세는 '정관지치(貞觀之治)'라 칭송받았고, 후세 제왕의 모범이 되었다.

17 송 태조 조광윤(趙匡胤, 927~976)은 송나라를 창건한 황제(재위 960~976)로 탁주(涿州) 사람이다. 처음 후주(後周)의 세종(世宗) 밑에서 벼슬하여 거란과 남당(南唐)과의 싸움에서 공을 세워 금군총사령(禁軍總司領)이 되었다. 세종이 죽은 뒤 북한(北漢)이 침입하는 위기를 당하자 공제(恭帝) 현덕(顯德) 7년(960) 금군에 의해 진교병변(陳橋兵變)을 거쳐 옹립되어 제위에 올랐다. 연호를 건륭(建隆)이라 했다. 재위 중에 형호(荊湖)·후촉(後蜀)·남한(南漢)·남당(南唐) 등을 공격해 멸망시켰다. 절도사(節度使) 지배 체제를 폐지하고, 중앙에 민정과 병정(兵政), 재정의 3권을 집중하고, 금군을 강화하면서 황제의 독재권을 공고히 했다. 관료의 채용을 위한 과거제도를 정비했다. 시호는 영무예문신덕성공지명대효황제(英武睿文神德聖功至明大孝皇帝)로 17년간 재위했다.

18 다섯 왕조가 자주 갈린 계세(季世)라는 뜻. 중국의 후오대, 곧 당말(唐末)의 후량(後梁)·후당(後唐)·후진(後晉)·후한(後漢)·후주(後周)의 문란한 시대를 이른다.

19 제 환공 강소백(姜小白, ?~BC 643)은 춘추시대 제나라 임금으로 양공(襄公)의 동생이다. 처음에 거(莒)로 달아났다가 양공이 피살되자 귀국해 즉위했다. 관중(管仲)을 재상에 등용하여 개혁을 통해 부국강병을 시도했다. 존왕양이(尊王攘夷)를 명분으로 삼아 북쪽으로 융적(戎狄)을 정벌하여 그들이 중원을 넘보지 못하도록 했다. 남쪽으로는 강대국 초(楚)나라를 억제하여 소릉(召陵)에서 회맹하도록 했다. 주(周) 왕실을 안정시켜 혜왕(惠王)이 죽자 태자 정(鄭)을 받들어 즉위시키니, 바로 양왕

(襄王)이다. 여러 차례 제후들을 회합하여 맹약을 세우는 등 위망(威望)을 떨쳤다. 춘추시대 최초의 패주(覇主)로 재위 기간은 43년이고, 시호는 환(桓)이다.

20 한 소열 유비(161~223)는 삼국시대 촉한(蜀漢)의 초대 황제로 자는 현덕(玄德)이고, 묘호는 소열제(昭烈帝)로, 전한 경제(景帝)의 황자(皇子) 중산정왕(中山靖王)의 후손이다. 선주(先主)로도 불린다. 탁군(涿郡) 탁현(涿縣) 누상촌(樓桑村) 사람이다. 후한 말기 황건적(黃巾賊)의 난이 일어나자 무리를 모아 토벌에 참가하여 벼슬길에 올랐다. 그 뒤 공손찬(公孫瓚)·도겸(陶謙)·조조(曹操)·원소(袁紹)·유표(劉表) 등에게 의탁했다. 적벽대전(赤壁大戰) 중에 손권(孫權)과 연합하여 조조를 대파하고, 형주(荊州)에 거점을 마련했다. 건안(建安) 24년(219) 자립하여 한중왕(漢中王)이 되었다. 조비(曹丕)가 한나라를 대신한 이듬해 황제를 칭하고, 국호를 한(漢), 성도(成都)를 도읍으로 삼았다. 장무(章武) 초에 군사를 이끌고 오(吳)나라를 정벌하다 이릉(夷陵) 전투에서 대패하고, 백제성(白帝城)에서 후사를 제갈량에게 맡긴 뒤 병사했다. 3년간 재위했다.

21 관중(管仲, ?~BC 645)은 춘추시대 제나라 영상(穎上) 사람으로 이름은 이오(夷吾), 자는 중(仲)이다. 포숙아(鮑叔牙)와의 깊은 우정을 나눈 관포지교(管鮑之交)가 유명하다. 처음에 공자 규(糾)를 섬겨 노나라로 달아났다. 제(齊) 양공(襄公)이 피살당하자 규와 소백(小伯, 桓公)이 자리를 두고 다투다 규는 살해당하고 자신은 투옥되었다. 그때 포숙아는 소백의 편에 섰는데, 그가 추천하자 환공이 지난날의 원한을 잊고 발탁하였다. 제도를 개혁하고 국토를 효율적으로 구분했다. 군사력을 강화하고, 상업과 수공업의 육성을 통하여 부국강병을 꾀했다. 대외적으로는 중원의 제후와 아홉 번 회맹하여 환공에 대한 제후의 신뢰를 얻게 했고, 남쪽에서 세력을 떨치기 시작한 초나라를 누르려고 했다. 제 환공을 춘추오패의 한 사람으로 만든 장본인이다.

22 제갈량(諸葛亮, 181~234)은 삼국시대 촉나라 낭야(琅邪) 양도(陽都) 사람으로 자는 공명(孔明)이다. 건안(建安) 12년(207) 유비(劉備)가 신야(新野)에 주둔했다가 삼고초려(三顧草廬)하자 유비를 도와 모사(謀士)가 되어 위나라, 오나라와 더불어 천하를 삼분(三分)한 뒤 통일을 도모했다. 유비가 칭제(稱帝)하자 승상에 임명되어 상서(尚書)의 일을 수행했다. 장무(章武) 3년(223) 유비가 죽자 유선(劉禪)을 보좌했고,

무향후(武鄉侯)에 봉해졌다. 위나라 장군 사마의(司馬懿)와 위남(渭南)에서 대치하다 오장원(五丈原) 전투에서 병으로 죽었다. 시호는 충무(忠武)다.

23 신한지습(申韓之習)은 신불해(申不害)와 한비자(韓非子)가 주장한 엄한 형벌(刑罰)로 나라를 다스리는 형벌 통치의 풍습이다. 신불해는 한나라 소제후 집권 시 15년간 재상을 역임했다. 형벌 통치를 주장하여 한비자의 사상에 영향을 주었다. 한비자는 한 제후의 아들로, 법치주의 저서 『한비자』의 저자로 진시황의 법치에 이론적 토대를 제공했다.

24 걸왕(桀王)은 중국 하(夏) 왕조 최후의 왕으로 이름은 이계(履癸)이다. 포악무도하여 은(殷)의 탕왕(湯王)에게 멸망되었다. 은의 주왕(紂王)과 함께 악왕의 대표로 전해지고 있는데 실재(實在)했는지는 확실치 않으며, 전설적 요소가 많다.

25 주왕(紂王)은 중국 은(殷) 왕조 최후의 왕으로 이름은 신(辛) 또는 '수(受)'이다. 달기(妲己)를 사랑하여, 그녀의 말이라면 어떤 일이라도 들었으며 세금과 형벌을 무겁게 하여 백성을 괴롭혔다. 그의 행동이 너무 포악하였기 때문에 제후들이 그를 비판하고 주나라의 무왕을 도와 은나라를 멸망시키고 그를 죽였다고 한다.

26 여왕(厲王)은 춘추시대 주(周)나라의 임금으로 성은 희(姬) 씨고, 이름은 호(胡)이다. 이왕(夷王)의 아들로 목왕(穆王)의 4대 손이다. 탐욕스럽고 잔인하며 이익만을 좇았다. 포학하고 사치스러운 데다 오만한 성격이라 제후는 조회를 오지 않았고, 나라 사람들은 그를 비방했다. 위무(衛巫)를 시켜 비방을 감시하자 사람들이 감히 말을 꺼내지 못하고 길에서도 눈으로만 인사를 했다. 나중에 화가 난 백성들이 들고일어나 공격하자 체(彘)로 달아났다. 14년 뒤 체에서 죽었다.

27 수 양제(煬帝, 569~618)는 수나라의 제2대 황제로 문제 양견의 둘째 아들이다. 시호 양제(煬帝)의 '煬'은 악랄하다는 뜻이라고 한다. 개황(開皇) 2년(582) 진왕(晉王)에 봉해지고, 9년(589) 군대를 이끌고 가 진(陳)나라를 멸망시켰다. 20년(600) 권신 양소(楊素)와 결탁해 형 양용(楊勇)을 모함해서 태자의 자리를 빼앗았다. 인수(仁壽) 4년(604) 아버지의 병이 중해지자 그를 살해하고 제위에 올랐다. 즉위한 뒤 만리장성(萬里長城)을 수축했고, 낙양(洛陽)에 동경(東京)을 조영했으며, 남북을 연결하는 대운하(大運河)를 완성하는 등 큰 토목공사를 자주 벌였고, 서원(西苑)을 조성하고 이궁(離宮)을 건설하는 등 백성에게 과중한 부담을 주었다. 대외적으로는 북

방에서 강성하던 돌궐(突厥)과 서방의 토욕혼(吐谷渾)을 공략하였으나, 전후 3회에 걸친 고구려 침입에서는 번번이 대패하였다. 단순한 폭군만은 아니어서 대업례(大業禮)와 대업율령(大業律令)의 정비와 대운하의 완성 같은 업적을 남기기도 했다. 만년에 사치한 생활이 더욱 극으로 치달으면서 백성들의 원망은 높아갔고, 전국에서 군웅(群雄)이 봉기했다. 나중에 강도(江都)를 남순(南巡)하다가 신하 우문화급(宇文化及)에게 살해되었다. 14년간 재위했다.

28 진(秦)나라의 이세황제(二世皇帝, 재위 BC 210~BC 207). 시황제의 막내아들로 처음에는 황소자(皇少子)였다. 아버지 시황제가 죽은 뒤 이사(李斯)와 환관 조고(趙高)의 도움으로 형 부소(扶蘇)를 몰아내고 제위에 올랐지만, 실권은 거의 없었다. 조고를 임용해 가혹한 세금과 형벌, 부역(賦役)으로 백성들의 큰 원성을 샀다. 제위에 오른 이듬해부터 진승(陳勝)과 오광(吳廣)의 농민 반란이 일어나는 등 혼란을 초래하다가, 재위 3년째 8월에 유방(劉邦)의 군대가 관중(關中)으로 들이닥치자 조고의 강압으로 자살했다. 조고와의 사이에 있었던 지록위마(指鹿爲馬) 고사가 유명하다.

29 조고(?~BC 207)는 진(秦)나라 때 사람이다. 선조는 조(趙)나라 귀족이었는데, 부모가 죄를 져서 진나라 궁궐에 들어와 환관이 되었다. 시황제를 따라 여행하던 중 시황제가 평대(平臺)에서 병사하자, 승상 이사와 짜고 조서(詔書)를 거짓으로 꾸며, 시황제의 맏아들 부소와 장군 몽염(蒙恬)을 자결하게 만들었다. 그리고 막내아들 호해(胡亥)를 이세 황제로 삼아 마음대로 조종했다. 낭중령(郎中令)에 임명되어 정권을 잡고는 진나라 종실과 대신들을 마음대로 주륙(誅戮)했다. 중승상(中丞相)이 되고, 무안후(武安侯)에 봉해졌다. 유방(劉邦)의 군대가 관중(關中)을 넘어서자 이세 황제마저 살해하고 부소의 아들 자영(子嬰)을 옹립하여 진왕(秦王)이라 부르게 했지만, 곧 자영에게 죽임을 당했다.

30 한 환제 유지(劉志, 132~167)는 장제(章帝)의 증손으로, 여오후(蠡吾侯) 유익(劉翼)의 아들이다. 처음에는 양태후(梁太后)가 임조(臨朝)하여 양기(梁冀)가 정권을 잡았다. 연희(延熹) 2년(159) 환관 단초(單超) 등이 양기를 죽이자 단초 등 다섯 사람을 열후(列侯)에 봉했다. 그러자 환관들이 조정을 좌지우지했다. 9년(166) 세가대족(世家大族)들이 태학생(太學生)들과 연합하여 환관 정치를 반대하자 이응(李膺) 등 2백여 명을 체포했다. 이것이 당고지화(黨錮之禍)다. 21년간 재위했다.

31 당 덕종 이적(李適, 742~805)은 당나라의 황제로 대종(代宗)의 맏아들이다. 대종 때 천하병마원수(天下兵馬元帥)가 되어 사조의(史朝義)를 토벌하고 하북을 평정해 이 공으로 상서령(尙書令)에 올랐다. 얼마 뒤 태자가 되었다. 제위를 이은 뒤 처음에는 정치가 청명(淸明)했고 양염(楊炎)을 등용해 재상으로 삼고 조용조(租庸調) 제도를 폐지하고 양세법(兩稅法)을 실시했다. 즉위한 뒤 중앙 재정의 재건을 도모했으며, 번진(藩鎭)을 억압하는 정책을 시행했다. 이에 위박[魏博, 지금의 허베이(河北)]과 성덕[成德, 지금의 허베이(河北)] 두 지방에서 명령을 거부했고 이에 대한 토벌로 인해 재정난에 빠졌다. 건중(建中) 4년(783) 경원(涇原)에서 병변이 일어나 경사(京師)를 침범하자 봉천(奉天)으로 달아났다. 다음 해 「자신을 죄주는 칙서」를 내려 잡세(雜稅)를 폐하고 여러 번(藩)의 독립을 승인함으로써 이후 군벌 시대의 단초를 열었다. 흥원(興元) 원년(785) 이성(李晟)이 병사를 이끌고 장안(長安)을 수복하자 돌아왔다. 이때부터 정치에 소홀하여 번진(藩鎭)이 나날이 강해져갔다. 말기에는 국가의 재정난과 지방 세력의 성장, 그리고 환관의 횡포로 뜻을 이루지 못하고 세상을 떠났다. 26년간 재위했고, 시호는 신무효문황제(神武孝文皇帝)다.

32 송 신종 조욱(趙頊, 1048~1085)은 중국 북송(北宋)의 6대 황제로 영종(英宗)의 큰아들이다. 정치가 어지러울 때에 황제가 되어 나라의 세력을 다시 바로 세울 생각으로 왕안석(王安石)을 재상에 올려 신법을 시행하게 하였다. 밖으로 여러 나라에 적극적인 정책을 써서 요와 서하를 누르려고 했으나, 끝내 실패했다.

33 왕안석(王安石, 1021~1086)은 송나라 무주(撫州) 임천(臨川) 사람으로 신법당(新法黨)의 영수이다. 자는 개보(介甫)이고, 소자(小字)는 환랑(獾郞)이며, 호는 반산(半山)으로, 왕익(王益)의 아들이다. 희령(熙寧) 2년(1069) 참지정사(參知政事)가 되어 변법을 강력하게 주장한 것이 신종의 뜻과 일치해 개혁정책을 실시하게 되었다. 삼사조례사(三司條例司)를 설치해 재정과 군사 제도를 정비하면서 부국강병의 방안을 모색했다. 청묘법(靑苗法)·시역법(市易法)·모역법(募役法)·보갑법(保甲法)·보마법(保馬法)을 실시했다. 과거(科擧)와 학교 제도를 개혁했다. 희령 7년(1074) 사마광(司馬光)과 문언박(文彦博), 한기(韓琦) 등의 강력한 반대에 부딪혀 재상 자리를 사직하고 강녕부로 옮겼다. 다음 해 복직했지만, 그 이듬해 다시 파직되어 강녕부로 나갔다. 원풍(元豐) 3년(1080) 형국공(荊國公)에 봉해졌으며, 시호는 문(文)이다.

34 주 난왕 희연(姬延, ?~BC 256)은 전국시대 주(周)나라 임금으로, 현왕(顯王)의 손
자이며 신정왕(愼靚王)의 아들이다. 당시 주나라는 이미 동주와 서주 두 소국(小國)
으로 분열되어 있었다. 난왕은 명칭만 천자(天子)였지 사실은 서주에 붙어사는 처
지였다. 서주의 무공(武公)이 땅을 모두 진(秦)나라에 바쳐, 난왕이 죽자 주 왕조는
멸망했다. 59년간 재위했다.

35 한 원제 유석(劉奭, BC 75~BC 33)은 전한의 제10대 황제로 선제(宣帝)의 맏아들
이다. 성격이 부드럽고 어질어 유학(儒學)을 좋아했다. 일찍이 선제 때 형벌이 너무
엄격하자 유생(儒生)을 등용할 것을 건의했다. 즉위한 뒤 소망지(蕭望之)와 공우(貢
禹), 설광덕(薛廣德) 등 유생을 기용해 승상(丞相)으로 삼았다. 또 외척 허씨(許氏)
와 사씨(史氏), 환관 홍공(弘恭)과 석현(石顯) 등을 등용해서 환관과 외척이 번갈아
정권을 장악하는 정국을 만들었다. 통치하는 동안 부역과 세금이 번거롭고 가중되
었으며, 변방이 불안하고 백성들은 떠도는 등 정치가 갈수록 부패했다. 재위 기간
은 16년이다.

36 당 희종 이현(李儇, 862~888)은 당나라 황제로 의종(懿宗)의 다섯째 아들이다. 초
명은 엄(儼)인데, 나중에 지금 이름으로 고쳤다. 의종 함통(咸通) 14년(873) 환관 유
행심(劉行深) 등이 태자로 옹립했고, 얼마 뒤 즉위했는데, 겨우 열두 살 때였다. 놀
기만 좋아해 정치는 일체 환관 전영자(田令孜)에게 맡겼다. 당시 왕선지(王仙芝)와
황소(黃巢)의 반란이 일어나 양경(兩京)이 함락되었다. 이에 전영자와 함께 성도(成
都)로 달아났다 중화(中和) 5년(885) 장안(長安)으로 돌아왔다. 광계(光啓) 2년(886)
전영자와 하중절도사(河中節度使) 왕중영(王重榮)이 충돌하자 다시 봉상(鳳翔)으로
달아났다가 흥원(興元)까지 이르렀다. 문덕(文德) 원년(888) 장안으로 돌아왔으나
얼마 뒤 병으로 사망했다. 15년 동안 재위했고, 시호는 혜성공정효황제(惠聖恭定孝
皇帝)다.

37 송 영종 조확(趙擴, 1168~1224)은 송나라 황제로 광종(光宗)의 둘째 아들이다. 순
희(淳熙) 16년(1189) 가왕(嘉王)에 봉해졌다. 소희(紹熙) 5년(1194) 효종(孝宗)이 죽
자 광종이 병을 이유로 초상을 집행하지 않자 조여우(趙汝愚), 한탁주(韓侂冑) 등이
책립하여 황제가 되었다. 다음 해 조여우를 파직하고 도학(道學)을 금지하면서 한
탁주에게 전권을 맡겼다. 개희(開禧) 2년(1206) 조서를 내려 금나라를 공격했다. 전

세가 불리해지자 금나라에 화의를 요청하고, 한탁주를 살해한 뒤 세폐(歲幣)를 늘리는 한편 백질(伯侄, 맏조카)의 관계를 약속했다. 나중에 사미원(史彌遠)이 집권해서는 한 차례 이전의 정책을 바꾸었다. 31년 동안 재위했다.

02
신하의 도리

1 경세제민(經世濟民)은 세사(世事)를 잘 다스려 도탄에 빠진 백성을 구한다는 말이다. 경국제세(經國濟世)라고도 하며, 경제(經濟)는 이의 준말이다.
2 겸선(兼善)은 나뿐만 아니라 다른 사람도 감동시켜서 착하게 한다는 뜻이다.
3 자수(自守)는 행실이나 말을 자기 스스로 지킨다는 뜻이다.
4 천민(天民)은 하늘이 낸 사람이라는 뜻이다.
5 민중(民中)은 지금의 푸젠성(福建省)에 해당한다.
6 신문(晨門)은 성문지기를 뜻하는 말로, 덕이 있으나 일부러 작은 관직을 택한 일종의 은자(隱者)를 가리킨다.(『논어』「헌문」41장 참고)
7 접여(接輿)는 춘추시대 초(楚)나라 육통(陸通)의 자(字)이다. 소왕(昭王) 때 정령(政令)이 일정하지 않으므로, 머리 풀고 거짓 미친 체하여 벼슬에 나아가지 않아 초광(楚狂)이라 불렸다.(『논어』「미자」5장 참고)
8 장저(長沮)와 걸익(桀溺)은 춘추시대 초나라 은자이다.(『논어』「미자」6장 참고)
9 칠조개(漆雕開)는 춘추시대 말 노(魯)나라 사람으로 성은 칠조(漆雕), 이름은 개(開), 자는 자개(子開) 또는 자약(子若)이다. 공자 제자 72인 가운데 한 사람이다.
10 왕척이직심(枉尺而直尋)은 여덟 자를 곧게 하기 위하여 한 자를 굽힌다는 뜻으로, 대를 위하여 소를 희생한다는 말이다.

03

군신이 서로 만나기 어려움을 논하다

1 정이(程頤)의 이 말은 『하남정씨문집(河南程氏文集)』 권11 「명도선생묘표(明道先生墓表)」에 보인다. 『맹자』 「진심」 下 38장 주자의 주석에도 보인다.

2 이는 『대학』에 나오는 구절이다.(『大學章句』 경1장 참고)

3 양 원제 소역(蕭繹, 508~554)은 남조 무제(武帝)의 일곱 번째 아들이다. 무제 천감(天監) 13년(514) 상동왕(湘東王)에 봉해졌다. 왕승변(王僧辯)에게 명해 후경(侯景)을 평정하게 하고, 강릉(江陵)에서 즉위했다. 당시 주군(州郡)의 태반이 서위(西魏)로 넘어갔고, 호적상 인구도 3만 명을 넘지 못했다. 승성(承聖) 3년(554) 서위의 군대가 공격해 오는데도 용광전(龍光殿)에서 『노자』를 강독했으며, 백관이 군복을 입고 들었다. 위나라 군대가 도착해도 시부(詩賦) 읊기를 그치지 않았다. 성이 함락되자 위나라 사람에게 살해당했다. 3년 동안 재위했고, 묘호는 세조(世祖)이다. 어렸을 때 한쪽 눈을 잃었지만 책 읽기를 좋아했고, 서화에도 뛰어났다. 장서만 14만 권에 이르렀는데, 성이 함락될 때 모두 불탔다.

4 왕포(王布)가 명을 받들어 한 고조를 만나러 갔으나 고조가 걸터앉아 여자들이 발을 씻게 하면서 그를 맞이한 사실을 말한다.(『통감절요』 권4 참고)

5 한신(韓信, ?~BC 196)은 중국 한(漢)나라 초의 무장이다. 초나라의 항량·항우를 섬겼으나 중용되지 않아 한왕 유방의 수하가 되어 대장군에 봉해졌다. 여기에서는 한신이 백정의 가랑이 사이로 기어가서 치욕을 참은 것을 말한다.

6 자포자기(自暴自棄)는 자신을 스스로 해치고 버린다는 뜻으로, 몸가짐이나 행동을 되는대로 하는 것을 말한다.

7 한 무제 유철(劉徹, BC 154~BC 87)은 전한의 제7대 황제로 경제(景帝)의 둘째 아들이며 시호는 세종(世宗)이다. 재위 기간에 추은령(推恩令)을 내려 제후왕(諸侯王)들에게 땅을 나눠 자제들에게 주고 후(侯)로 삼게 하여, 제후국의 세력을 약화시켰다. 오경박사(五經博士)를 두어 유학에 중점을 두고, 왕국을 분봉(分封)하여 중앙 집권화를 마무리했다. 나중에 전국을 13주(州)로 나누어 주마다 자사(刺史)를 두어 통치력을 강화했고, 운하를 굴착하여 농지의 관개(灌漑)와 운송을 도왔다. 상인

들의 선박에 세금을 매기고, 고민령(告緡令)을 실시해 상인들의 자산에도 세금을 매겨 부상(富商)을 통제했다. 상홍양(桑弘羊)의 건의를 받아들여 야철(冶鐵)과 제염(製鹽), 주전(鑄錢)을 관매(官賣)하도록 했다. 평준관(平準官)과 균수관(均輸官)을 두어 무역과 운수(運輸)를 관영(官營)하도록 했다. 대전법(代田法)을 시행해 수리(水利)를 일으키고 둔전(屯田)으로 농민을 이주시켜 농업을 발전시켰다. 대외적으로는 장건(張騫)을 대월지국(大月氏國)으로 파견하고, 당몽(唐蒙)을 야랑(夜郎)에 보내 서남 7군(郡)을 건설했다. 장군 위청(衛靑)과 곽거병(霍去病), 이광(李廣) 등에게 흉노를 토벌하도록 해 오르도스 지방을 회복하여 2군을 두었다. 동중서(董仲舒)의 방안을 채택해 오로지 유술(儒術)만 존숭하면서 법술형명(法術刑名)도 겸용하여 봉건 지배를 강화했다. 54년간 재위했다.

8 허문(虛文)은 겉만 꾸미는 쓸데없는 예의(禮儀)나 법제이다.

9 동중서(董仲舒, BC 179~BC 104)는 전한 신도(信都) 광천(廣川) 사람이다. 무제 때 현량대책(賢良對策)으로 백가(百家)를 몰아내고 유술(儒術)만을 존중할 것을 주장했는데, 무제가 받아들여 이후 2천 년 동안 유학(儒學)이 정통 학술로 자리하는 계기를 만들었다. 그러나 자신의 학설로 말미암아 투옥되는 등 파란만장한 생애를 살았다. 나중에 병을 이유로 사직하고 학문 연구와 저술에만 힘썼다.

10 급암(汲黯, ?~BC 112)은 전한 복양(濮陽) 사람이다. 무제 때의 간신(諫臣)으로, 자는 장유(長孺)다. 무제 때 주작도위(主爵都尉)가 되었으며, 구경(九卿)의 한 사람이다. 사람 됨됨이가 충간을 좋아하고 정쟁을 거침없이 제기했는데, 무제가 속으로는 욕심이 많았지만 겉으로 인의를 많이 베푼 것도 그의 힘이 컸다. 무제는 그를 두고 사직을 지탱하는 신하라 칭송했다. 승상 장탕(張湯)과 어사대부(御史大夫)와 무위(無爲)의 정치를 주장하며 왕에게 간했는데, 받아들여지지 않자 회양태수(淮陽太守)를 마지막으로 은퇴했다.

11 광무제 유수(劉秀, BC 6~57)는 후한의 초대 황제로 남양(南陽) 채양(蔡陽) 사람이다. 자는 문숙(文叔)이고, 고조 유방의 9세손이다. 젊었을 때 장안에서 공부하다 왕망(王莽) 말년 농민들이 대대적으로 봉기하고 군웅들이 할거하자 지황(地皇) 3년(22) 형 유적(劉縯)과 함께 용릉(春陵)에서 거병하여 왕망의 군사를 곤양(昆陽)에서 대파하고 농민군을 병합했다. 다음 해 유현(劉玄)을 추대하여 한제로 삼고, 장안에

도읍을 정했다. 그 뒤 하북에 진출하여 제군을 평정하고, 건무(建武) 원년(25) 제위 (帝位)에 올라 낙양(洛陽)에 도읍을 정했다. 이후 10년에 걸쳐 적미군(赤眉軍)을 진 압하고 공손술(公孫述)과 외효(隗囂)를 차례로 평정하면서 12년(36) 천하를 완전히 통일했다. 중앙 집권을 강화했으며, 후한의 예교주의적(禮敎主義的)인 정치 방침을 확립했다. 33년간 재위했다.

12 한 명제 유장(劉莊, 28~75)은 후한의 2대 황제로 초명은 양(陽)이다. 광무제(光武 帝)의 넷째 아들로, 아버지의 뒤를 이어 한나라 회복 사업을 공고히 했다. 일찍이 채음(蔡愔) 등을 천축(天竺)에 보내 불법을 구했고, 영평(永平) 10년(67) 채음과 사 문(沙門) 섭마등(攝摩騰), 축법란(竺法蘭) 등을 낙양에 오게 하여 백마사(白馬寺)를 세우고, 두 스님에게 『42장경』을 편역하게 하면서, 중국에 처음으로 불교가 전파되 도록 했다. 형벌을 좋아해 법령이 엄격하고 냉혹했다. 아울러 유술(儒術)을 좋아해 직접 벽옹(辟雍)에 나가 경서를 강독했다. 대외적으로는 북쪽의 흉노를 평정하고, 무력과 회유책으로 아시아에 대한 지배력을 확립했다. 18년간 재위했다.

13 벽옹(辟雍)은 중국 주(周)나라 때 천자가 도성(都城)에 건립한 대학을 말한다. 주위 의 형상이 구슬과 같이 둥글고 물로 둘러싸여 있었다.

14 임옹배로(臨雍拜老)는 임금이 벽옹(辟雍, 태학)에 임어(臨御)하여 삼로오경(三老五 更)에게 배례(拜禮)하는 의식이다. 일종의 양로례(養老禮)다. 임옹배로의 대상인 '삼 로오경'은 삼로 1인과 오경 1인으로, 나이가 많고 덕이 있는 자 중에서 선발한다.

15 호교(胡敎)는 불교를 가리킨다.

16 960년 송 태조 조광윤이 7세의 후주 공제(恭帝)에게서 왕위를 이어받아, 송나라를 세우게 된 계기가 된 사건이다. 959년 후주의 세종이 급사하자 7세에 불과한 공제 시종훈(柴宗訓)이 그 제위를 이었다. 960년 정월 어린 황제를 모시고 요나라와 싸 우는 것에 불안을 느낀 군인들은 도중에 개봉 부근의 진교역(陳橋驛)에서 조광윤에 게 술을 만취하도록 먹이고, 정신을 잃은 그에게 황포를 입혀 강제로 추대하였다. 조광윤은 조보, 조광의 등 부하들의 추천에 못 이기는 척하며 개봉에 입성하여 7세 의 어린 시종훈에게 황제를 선양받아 송나라를 건국하였다. 이것을 진교병변(陳橋 兵變) 또는 진교의 변(陳橋之變)이라고 한다.

17 궁(宮)은 임금, 상(商)은 신하를 대표하는 음이기 때문에 '궁상과 같다[如宮商]', '궁

상에 합치한다[合宮商]'고 하면, 아랫사람과 윗사람이 서로 마음이 맞듯이 소리 또는 시문의 운율이 아주 우아하고 정교하게 나는 것을 말한다.

18 계부(契符, 符契)는 부신(符信) 또는 부절(符節)이라고도 한다. 목편 또는 죽편에 글을 쓰고 증인을 찍은 후에 두 쪽으로 쪼개어, 한 조각은 상대자에게 주고 다른 한 조각은 자기가 보관하였다가 후일에 서로 맞추어 증거로 삼는 것이다.

19 무정(武丁)은 상(商)나라의 제20대 임금으로 소을(小乙)의 아들이다. 묘호는 고종(高宗)이다. 전하는 말로 어릴 때 민간에서 성장하여 농사의 어려움을 잘 알았고, 국세가 기울어가는 상나라를 부흥시키고자 애썼다. 부열(傳說)을 얻어 재상으로 삼아 대치(大治)를 이루었다. 59년간 재위했다.

20 부열(傳說)은 은나라 고종 때의 재상이다. 부암(傳巖)에서 담장을 쌓는 노예였다고 한다. 고종이 꿈에서 성인을 보았는데, 이름이 열이라고 했다. 기억을 더듬어 인상을 그리게 하고 부암의 들판에서 그를 찾아서 중용하였다.(『서경』 說命 上 참조)

21 부견(符堅, 338~385)은 5호16국시대 전진(前秦)의 제3대 임금으로, 약양(略陽) 임위(臨渭) 사람이다. 저족(氐族)이고, 일명 문옥(文玉)이며, 자는 영고(永固), 묘호는 세조(世祖)로 부웅(符雄)의 아들이다. 동진(東晉) 목제(穆帝) 승평(升平) 원년(357) 부생(苻生)을 죽이고 자립하여 황제의 칭호를 없애고 대진천왕(大秦天王)이라 부르면서 연호도 영흥(永興)이라 하였다. 장안에서 왕위에 오르자, 저족(氐族)계 호족의 횡포를 누르고 왕맹(王猛) 등과 같은 한인들을 중용했다. 태학을 정비하고 학문을 장려했으며 농경을 활발히 일으켰다. 왕권을 강화하면서 수리시설을 보수하고, 유학을 장려하면서 군정(軍政)을 개선했다. 이후 전량(前涼)과 대(代)나라 등을 공격해 멸망시키고 북방 대부분을 통일하는 한편 동진(東晉)의 익주(益州)까지 장악했다. 강남(江南)까지 병합하고자 하여 동진을 공격하였으나 대패했다. 21년(385) 후진(後秦)의 요장(姚萇)에게 잡혀 살해당했다. 27년간 재위했다.

22 왕맹(王猛, 325~375)은 5호16국시대 전진(前秦) 북해극(北海劇) 사람이고 자는 경략(景略)이다. 부견(符堅)이 왕위에 오르자 그 밑에서 관료로 있었는데, 마치 "유비가 제갈량을 만난 것[如玄德之遇孔明]"과 같았다고 한다. 관리를 잘 통솔하고 호족을 통제하면서 중앙 집권과 농업 생산에 주력하여 전진의 통치 기반을 다졌다.

23 위징(魏徵, 580~643)은 당나라 위군(魏郡) 내황(內黃) 사람이다. 자는 현성(玄成)

이고, 시호는 문정(文貞)이다. 수나라 말 혼란기에 무양군승(武陽郡丞) 원보장(元寶藏)의 전서기(典書記)가 되었다가 원보장을 따라 이밀(李密)에게 귀의했다. 다시 이밀을 따라 당 고조에게 귀의하여 고조의 장자 이건성(李建成)의 측근이 되었다. 황태자 이건성이 동생 이세민(李世民)과의 경쟁에서 패했지만 그의 인격에 끌린 태종의 부름을 받아 간의대부(諫議大夫) 등의 요직을 역임한 뒤 나중에 재상으로 중용되었다.

24 위징이 죽은 후에 태종은 비문을 짓고 비석에 몸소 글을 써서 그를 잊지 않았다. 그러나 얼마 지나지 않아서 그를 미워하고 이 비석을 넘어뜨렸다가 나중에 요좌(遼左)에 가서 실패하고는 위징이 없기 때문이라고 후회하며 그의 비석을 다시 세웠다고 한다.(『통감절요』 권38 참조)

04
우리나라에서 도학이 행해지지 않음을 논하다

1 정전제(井田制)는 중국의 하·은·주 3대에 걸쳐 시행되었다고 하는 토지제도이다. 전답을 '정(井)'자로 나누어 9등분해 중앙을 공전(公田)으로 하고 주위를 사전(私田)으로 한다. 공전을 공동 경작해 그 생산물을 세금으로 내고 사전의 생산물로 생활한다. 정전제는 토지 국유와 균등한 분배로 인해 유학자들에 의해 이상적 토지제도로 여겨져 토지 개혁의 논의가 있을 때마다 그 모델이 되었다.

2 팔조(八條)는 고조선 시대의 법률로 '팔조금법', '금법팔조'라고도 한다. 『삼국지』 위서(魏書) 「동이전」과 『후한서』 「동이전」에는 기자(箕子)가 조선에 와서 8조의 교법(教法)을 만들어 인민을 교화했다고 기록되어 있다. 8조법금의 전문은 전하지 않고 3개 조만이 『한서』 지리지에 전한다. 즉, ①사람을 죽인 자는 사형에 처한다. ②남에게 상해를 입힌 자는 곡물로써 배상한다. ③남의 물건을 훔친 자는 데려다 노비로 삼으며, 속죄하고자 하는 자는 1인당 50만 전(錢)을 내야 한다는 것 등이다.

조선이 옛 도를 회복하지 못함에 관하여

1 추구(芻狗). 제사(祭祀)에 쓰기 위해 짚으로 만든 개를 뜻하는 말로 『노자』에 나온 다. 짚으로 만든 개는 제사가 끝나면 쓸모가 없기 때문에 버려지므로, 소용이 있을 때에는 사용되다가 소용이 없어지면 버려지는 물건, 또는 천한 물건에 비유된다.

2 성상(聖上)은 곧 조선의 14대 임금인 선조(宣祖)를 말한다.

3 용흥(龍興). 용이 구름을 얻어 하늘로 올라간다는 뜻으로, 왕업이 흥함을 이르는 말이다. 그러나 여기서는 왕위에 오른 것을 의미한다.

4 허조(許稠, 1369~1439)는 본관이 하양(河陽)으로, 자는 중통(仲通), 호는 경암(敬 菴), 시호는 문경(文敬)이다. 판도판서를 지낸 허귀룡의 아들로, 권근에게 학문을 배웠다. 공양왕 2년(1390) 식년 문과(式年 文科)에 급제하였다. 태종 11년(1411) 예 조참의로 학당의 설립에 힘썼으며, 왕실의 의식과 일반 백성의 상제를 법제화하는 데 기여하였다. 세종 때에는 예조판서·이조판서 등을 지내며 세종 4년(1422) 『신속 육전(新續六典)』의 편수에 참가하였다. 1438년 우의정을 거쳐 이듬해 좌의정을 지 냈다. 조선 초기 예악 제도를 정비하는 데 크게 공헌하였으며, 청백리로 명망이 있 었다.

5 황희(黃喜, 1363~1452)는 1363년 황군서(黃君瑞)의 아들로 개성에서 출생했다. 고 려가 망하자 두문동에 은거했으나, 1394년(태조 3) 성균관학관으로 일하게 되었고 세자우정자(世子右正字)도 겸하였다. 1409년 이후 형조·대사헌, 병조(1411), 예조 (1413), 이조판서(1415)를 역임하였다. 1416년에는 양녕대군의 실행(失行)을 옹호 하여 파직되었다가 다시 공조판서로 전임 복귀되었다. 1418년에는 양녕대군의 세 자 폐출을 반대하여 태종의 노여움을 사서 교하(交河)로 유배되었다가 얼마 후 고향 과 가까운 남원부로 이배되었다. 1427년 좌의정에 올랐고, 1449년(세종 31) 벼슬에 서 물러날 때까지 18년간 국정을 관리했다. 태종은 물론 세종의 가장 신임받는 재상 으로 명성이 높았다. 또한 인품이 원만하고 청렴하여 백성들로부터 존경을 받았고, 시문에도 뛰어났다. 1452년(문종 2) 세종조(世宗廟)에 배향되었다. 파주의 방촌영당 (厖村影堂)에 영정이 봉안되어 있고, 상주의 옥동서원(玉洞書院), 장수의 창계서원

(滄溪書院) 등에 제향되었다. 저서에 『반촌집(畔村集)』이 있다.

6 성정(性情)에는 마음이 없다[性情無心]는 말은 성종 때의 경연에서 구종직(丘從直)
이 『대학(大學)』을 강하면서 '제왕(帝王)은 모두 생지안행(生知安行)의 성인(聖人)이
므로 격물치지(格物致知)의 공부가 필요 없습니다.'라고 한 지적을 염두에 둔 말이
다. 이 말에 따르면 임금은 격물치지를 통한 공부를 할 필요가 없으므로 경연조차
필요하지 않은 것이다. 이에 대해서는 이미 성종 때에 사간원에서 비판하였다.[『성
종실록』 권9, 성종 2년 3월 19일(임진) 참조]

7 측석(側席). 어진 이를 존대하기 위해 상석(上席)을 비워놓고 옆자리에 앉는 것이다.

8 봉옥(封屋). 집집마다 봉함을 받을 만큼 인재가 많다는 뜻이다.

9 신무문(神武門)은 경복궁 북문이다.

10 남곤(南袞, 1471~1527)은 본관이 의령(宜寧)으로 자는 사화(士華), 호는 지정(止
亭)·지족당(知足堂)이다. 조선의 개국공신 남재(南在)의 후손이지만 직계 자손은
아니다. 김종직(金宗直)의 문하에서 수학하였고, 1489년(성종 20) 생원시·진사시에
합격하였다. 1494년 별시 문과(別試 文科)에 을과로 급제하여 부제학(副提學)·좌부
승지(左副承旨)를 지냈다. 성종 때 윤필상(尹弼商)·유순정(柳順汀)·성희안(成希顔)
의 비리를 탄핵하였다가 투옥되기도 하였다. 1506년(중종 1) 박경(朴耕) 등이 모반
하였다고 고변한 공으로 이조참판·대사헌·중추부지사를 지냈다. 남곤은 사장(詞
章)의 중요성을 역설했지만 조광조는 성리학과 수신을 강조했다. 조광조 등에 의해
남곤은 소인으로 내몰리게 되었다. 1519년 심정(沈貞) 등과 기묘사화를 꾸며, 조광
조 등 신진사류를 숙청한 뒤 좌의정이 되었다가, 1523년 영의정에 올랐다. 사후 문
경(文敬)이란 시호를 받았으나 1558년 관작과 함께 삭탈되었다. 심정(沈貞), 홍경주
(洪景舟)와 함께 '기묘 3흉'으로 불렸다. 문집에 『지정집』, 저서에 『유자광전(柳子光
傳)』, 『남악창수록(南岳唱酬錄)』 등이 있다.

11 심정(沈貞, 1471~1531)은 본관은 풍산(豊山), 자는 정지(貞之), 호는 소요정(逍遙
亭)이며 구령(龜岭)의 증손으로, 할아버지는 치(寘)이고, 아버지는 부사를 지내고
적개공신(敵愾功臣)이었던 응(膺)이다. 어머니는 서문한(徐文翰)의 딸이다. 1495년
(연산군 1) 생원시에 합격하고, 1502년 별시 문과에 을과로 급제, 이듬해 수찬(修
撰)이 되었다. 1506년 중종반정에 가담, 정국공신(靖國功臣) 3등에 녹훈되고 화천

군(花川君)에 책봉되었다. 1518년에 형조판서의 물망에 올랐으나 조광조 등으로부터 소인으로 지목되고, 이조판서 안당(安瑭)의 거부로 임명되지 못하였다. 아들 사손(思遜)마저 사류의 탄핵으로 파직되었다. 1519년 기묘사화를 일으켜 사류를 일망타진하였다. 1527년 남곤이 죽은 뒤 좌의정·화천부원군(花川府院君)에 올라 수하에 이항(李沆)과 김극핍(金克愊)을 두고 권력을 독점하였다. 경빈 박씨 동궁 저주 사건을 처리하는 과정에서 관련 사실이 드러나게 되어, 김안로의 사주를 받은 대사헌 김근사(金謹思), 대간 권예(權輗)의 탄핵으로 강서로 귀양 갔다가 이항·김극핍과 함께 신묘 3간(辛卯三奸)으로 지목되어 사사되었다. 남곤과 함께 '곤정(袞貞)'으로 일컬어져 소인의 대표적 인물로 길이 매도되었다.

12 여경(餘慶). 남에게 좋은 일을 많이 한 보답으로 뒷날 그 자손이 받는 경사이다.

13 이기(李芑, 1476~1552)는 본관은 덕수(德水)로 자는 문중(文仲), 호는 경재(敬齋)이다. 명신(明晨)의 증손이며, 할아버지는 지온양군사(知溫陽郡事) 추(抽)이다. 아버지는 사간 의무(宜茂)이며, 어머니는 성희(成熺)의 딸이다. 좌의정 행(荇)의 형이다. 1501년(연산군 7) 식년 문과에 급제하였다. 장인인 군수 김진(金震)이 장리(贓吏: 부정하게 뇌물을 받거나 재물을 탐한 죄를 저지른 관리)였기 때문에 좋은 벼슬을 얻지 못했다. 1527년 성절사(聖節使)로 명나라에 다녀왔고, 1539년 진하사(進賀使)로 다시 다녀왔다. 그동안의 공로로 국왕이 병조판서에 임명하려 했으나, 이조판서 유관(柳灌)이 반대하였다. 국왕의 신임과 이언적(李彦迪)의 주장으로 형조판서가 되고, 병조판서로 발탁되었다. 인종이 즉위하자 탄핵을 받았지만 명종이 즉위하자 윤원형과 손잡고 을사사화를 일으켰다. 이때 윤임·유관 등을 제거하고, 추성위사협찬홍제보익공신(推誠衛社協贊弘濟保翼功臣) 1등에 책록되었다. 1549년(명종 4) 영의정에 올랐다. 문경(文敬)이라는 시호가 내려졌으나 선조 초년에 모두 삭탈되었다.

14 윤원형(尹元衡, ?~1565)은 본관은 파평(坡平), 자는 언평(彦平)이며 형조판서 계겸(繼謙)의 증손이다. 할아버지는 욱(頊)이고, 아버지는 판돈령부사 지임(之任)이며, 어머니는 이덕숭(李德崇)의 딸로 중종의 계비 문정왕후의 동생이다. 1528년(중종 23) 생원시에 합격하고, 1533년 별시 문과에 을과로 급제해 벼슬길에 올랐다. 1537년 김안로에 의해 파직, 유배되었다가 김안로가 사사되자 풀려나왔다. 경원대군(慶原大君) 환(峘)을 세자에 책봉하려는 모의를 진행하면서 세자의 외숙인 윤임

과 알력이 생겼다. 윤임 일파를 대윤, 윤원형 일파를 소윤이라 하여 외척 간의 세력 다툼이 시작되었다. 인종이 즉위하자 송인수(宋麟壽)의 탄핵으로 삭직되었으나 명종이 즉위하면서 예조참의에 복직되었다. 을사사화로 대윤을 몰아내고, 1547년 양재역벽서(良才驛壁書) 사건을 계기로 대윤의 잔당을 모두 숙청하였다. 『중종실록』·『인종실록』 편찬에 참여했고, 1565년(명종 20) 문정왕후가 죽자 관직을 삭탈당하고 강음(江陰)에 은거하다가 죽었다.

15 선왕은 명종을 가리킨다.

16 익실(翼室)은 본채의 좌우 양편에 딸린 방이다. 그러나 여기에서는 명종이 인종의 상례를 치른 곳으로 경복궁의 사정전(思政殿)을 가리킨다. 정전에 빈전(殯殿)을 설치해야 하는데 별전(別殿)에 설치하였기에 익실로 지칭한 것으로 보인다.(『인종실록』권2, 인종 1년 7월 1일 신유조 기사 참조)

17 김안로(金安老, 1481~1537)는 본관 연안(延安), 자는 이숙(頤叔)이며 호는 희락당(希樂堂)·용천(龍泉)·퇴재(退齋)다. 1506년(중종 1년) 별시 문과에 갑과로 급제하였다. 기묘사화 때 조광조 등과 함께 유배되었다. 1522년 부제학(副提學)이 되고, 1524년에 이조판서가 되었다. 아들 희(禧)가 장경왕후의 딸인 효혜공주(孝惠公主)와 결혼한 뒤부터 권력 남용이 잦아 영의정 남곤(南袞), 대사헌 이항(李沆) 등의 탄핵을 받고 경기 풍덕(豊德)에 유배되었다. 1531년에 다시 등용되었고, 1534년에는 우의정이 되었으며, 이듬해 좌의정에 이르렀다. 문정왕후의 폐위를 도모하다가 윤안임(尹安任)과 대사헌 양연(梁淵)에 의해 체포되어 전라남도 진도로 유배형을 받았고, 결국 사사되었다. 허항(許沆)·채무택(蔡無擇)과 함께 정유 3흉(丁酉三凶)으로 일컬어진다. 저서에 『용천담적기(龍泉淡寂記)』가 있다.

18 소하는 한신(韓信)·장량(張良)·조참(曹參)과 함께 고조의 개국공신이다. 한나라의 첫 번째 재상이 되어 모든 제도의 기초를 닦았다. 조참은 소하의 후임으로서 소하의 정책을 그대로 잇기만 했다.

06

지금의 시세(時勢)를 논하다

1 대동(大同)은 이상사회를 표현한 말로 『예기』 「예운(禮運)」에 나온다. 가족·종족 속에는 사(私)가 없으며 쟁탈이 없고 따라서 치안을 위한 예(禮)의 규제가 필요하지 않는 소박한 원초(原初)의 공(公) 상태를 의미한다. 각자가 성군(聖君)의 예를 좇아 서로 안정된 무사평온의 세계를 과거 속에서 관념화해버린 세계를 차선(次善)의 소 강(小康) 세계라고 한다. 그 후 이 말을 지배 세력은 체제 지배의 점진적 개량을 정 당화하는 유토피아로 애용했지만, 농민 반란 세력은 사적 소유 또는 사적 소유의 불평등에 대한 직접적인 부정을 가리키는 말로 사용하였다. 근대에는 국제주의·민 주주의·사회주의를 받아들이기 위한 전통적 계기가 되었으며, 캉유웨이·쑨원·마 오쩌둥은 제 나름의 의미로 사용하였다. 전통적인 대동사상은 천하의 공(公) 아래 개별적인 사(私)를 무화(無化)하고 흡수하는 관념인 동시에, 사적인 개체를 그 실체 인 기(氣)의 무한정성으로 복원(復元)함에 의해서 그 권리를 부정하는 측면을 갖고 있다.

2 처사(處士)는 초야(草野)에 묻혀 벼슬하지 않는 선비이다.

3 사람이 한번 말을 잘못하면 사(駟)로 좇아도 따라잡을 수 없다는 뜻이다. 말을 조 심하라는 비유로 쓰인다.(『논어』 「안연」편 8장 참조)

4 『근사록(近思錄)』 권10(정사), 48조의 다음 내용에서 인용한 말이다. "人才有意於爲 公, 便是私心. 昔有人典選其子弟系磨勘, 皆不爲理. 此乃是私心. 人多言古時用直, 不 避嫌得. 後世用此不得, 自是無人, 豈是無時?"

5 『주자가례(朱子家禮)』는 주희(朱熹)가 유가의 의례(儀禮)를 정리한 책이다. 관(冠)· 혼(婚)·상(喪)·제(祭)의 사례(四禮)에 관한 예제가 주된 내용으로 사대부가 지켜야 하는 통과의례를 담았다.

6 선조 당시 인종(仁宗)의 왕비였던 인성왕후(仁聖王后) 박씨(朴氏)가 공의왕대비(恭 懿王大妃)로 있었고, 명종(明宗)의 왕비였던 인순왕후(仁順王后) 심씨(沈氏)가 의성 왕대비(懿聖王大妃)로 있었다.

7 만기(萬機)는 임금이 보는 정무(政務)를 말한다.

8 원문에는 형옥(熒惑)이라고 되어 있다. 형옥은 화성(火星)을 재화나 병란의 징조를 보여주는 별이라 하여 이르는 말이지만 여기서는 어수선하고 의혹하다는 의미이다.

9 시속(時俗)은 당시의 풍속이다. 여기서는 왕도가 행해진 것을 모르는 풍속을 말한다.

10 함호(含糊). 죽을 머금었다는 뜻으로 입속에서 웅얼거리며 분명하지 않게 하는 말을 이르고, 골돌(鶻突)은 분명하지 않음을 이른다. 여기서는 모호하고 분명하지 않은 태도로 일에 임한다는 뜻이다.

11 호의불결(狐疑不決). 여우가 의심이 많아 결단을 내리지 못한다는 뜻으로, 어떤 일에 대하여 의심하여 머뭇거리고 결행하지 못함을 비유하는 말이다.

12 수서양단(首鼠兩端). 쥐가 구멍에서 머리만 내밀고 요리조리 엿본다는 뜻으로, 거취를 결단하지 못하고 관망하고 있는 상태를 이르는 말이다.

13 唱疑倡。

07

무실(務實)이 수기(修己)의 핵심

1 『춘추좌전』「소공4년(昭公四年)」"君子作法於涼 其敝猶貪. 作法於貪 敝將若之何"가 원문이다. "윗사람이 재화 걷는 방법을 가볍게 정하더라도 그 폐해는 갈수록 무거워지게 마련이거늘, 처음부터 무겁게 정하고 있으니 그 폐해는 장차 어떻겠는가."

2 모자토계(茅茨土階). 중국의 요임금이 띠로 이엉을 엮어서 지붕을 이고는 처마 끝을 가지런히 자르지 않았으며, 뜰은 흙으로 새 계단을 만들었다는 고사로, 생활이 아주 검소함을 비유한 것이다.

3 격물치지(格物致知)의 풀이다.

4 원문은 『대학』 전문 6장에 보인다. "所謂誠其意者, 毋自欺也. 如惡惡臭, 如好好色, 此之謂自謙, 故君子必愼其獨也. 小人閒居, 爲不善無所不至, 見君子而后, 厭然揜其不善, 而著其善, 人之視己如見其肺肝, 然則何益矣. 此謂 誠於中·形於外, 故君子必愼其獨也. 曾子曰 十目所視, 十手所指, 其嚴乎. 富潤屋, 德潤身, 心廣體胖, 故君子必誠其意."

5 원문은 『논어』「요왈(堯曰)」2장에 보인다. 子張問於孔子曰, "何如斯可以從政矣?"子曰, "尊五美, 屛四惡, 斯可以從政矣."子張曰, "何謂五美?"子曰, "君子惠而不費, 勞而不怨, 欲而不貪, 泰而不驕, 威而不猛."子張曰, "何謂惠而不費?"子曰, "因民之所利而利之, 斯不亦惠而不費乎? 擇可勞而勞之, 又誰怨? 欲仁而得仁, 又焉貪? 君子無衆寡, 無小大, 無敢慢, 斯不亦泰而不驕乎? 君子正其衣冠, 尊其瞻視, 儼然人望而畏之, 斯不亦威而不猛乎?"子張曰, "何謂四惡?"子曰, "不敎而殺謂之虐, 不戒視成謂之暴, 慢令致期謂之賊, 猶之與人也, 出納之吝謂之有司."

6 원문은 『논어』「안연(顏淵)」1장에 보인다. 顏淵問仁. 子曰, "克己復禮爲仁. 一日克己復禮, 天下歸仁焉. 爲仁由己, 而由人乎哉?"顏淵曰, "請問其目."子曰, "非禮勿視, 非禮勿聽, 非禮勿言, 非禮勿動."顏淵曰, "回雖不敏, 請事斯語矣."

7 제사감격(祭祀感格). 자손이 제사를 올리면 조상의 혼백이 감하여 이른다는 뜻이다.

8 원문은 『논어』「양화(陽貨)」10장에 보인다. 子曰, "色厲而內荏, 譬諸小人, 其猶穿窬之盜也與?"

9 원문은 『논어』「위정(爲政)」10장에 보인다. 子曰, "視其所以, 觀其所由, 察其所安. 人焉廋哉? 人焉廋哉?"

10 유교의 5경 가운데 하나인 『서경(書經)』「홍범(洪範)」편에 나오는 말로, '홍범구주(洪範九疇)'라고도 한다. 진정한 정치는 아홉 가지 주요 업무, 곧 오행(五行)·오사(五事)·팔정(八政)·오기(五紀)·황극(皇極)·삼덕(三德)·계의(稽疑)·서징(庶徵)·오복(五福)을 이루어야 한다는 것이다.

08

간사한 자를 분별함이 용현(用賢)의 요체

1 묘당(廟堂)은 조정을 가리킨다.

2 운종룡풍종호(雲從龍風從虎)는 구름은 용을 따르고 바람은 범을 따라 일어난다는 뜻으로, 마음이 맞는 사람끼리 서로 구하고 좇는 긴밀한 관계를 의미한다. 용이 토하면 구름이 생기고 범이 울면 바람이 생기는 것처럼, 성군이 나오면 현신이 반드

시 나와 돕는 것을 비유했다. [『주역(周易)』「건괘(乾卦)」참조]

3 위학(僞學). 곧 진리에 어긋나는 학문을 이른다.

4 위선(僞善). 곧 겉으로만 선한 체함을 이른다.

5 격탁양청(激濁揚淸). 탁류를 물리치고 청하를 일게 한다는 뜻이다. 즉 사람에게 해가 되는 악을 제거하고 선함을 가져온다는 의미로서 『당서(唐書)』「왕규전(王珪傳)」에 나온다.

6 좌복(左腹)은 정당한 통로가 아닌 협로 또는 정당한 좌석이 아닌 협실이나 밀실과 같은 으슥한 곳을 말한다. 전(轉)하여 소인(小人)들이 간사한 마음을 가지고 임금이나 윗사람에게 환심을 얻음을 비유한 말이다. 『주역』「명이괘(明夷卦)」의 설명에 따르면, '좌복으로 들어가서 명이(明夷: 어두운 임금)의 마음을 얻고 문정(門庭: 바깥)으로 나온다.' 하였고, 그 전(傳)에 '소인이 높은 지위에 앉아 은벽(隱僻)한 방법으로 임금과 깊이 사귀어 그 마음을 얻어서 무릇 간사한 짓이 임금에게 신임을 받게 되는 것은 임금이 그 본심을 빼앗겼기 때문이다'라고 하였다.

7 방락(訪落). 『시경』주송(周頌)「방락(訪落)」편의 편명이다. 이 시의 첫 구절이 '訪子落止 卒時昭考'라 편명을 방락(訪落)이라고 하였는데 방(訪)은 문의(問議), 낙(落)은 시작으로 임금이 집정 초기에 군신에게 매사를 묻는 것을 뜻한다. 주(周)의 성왕(成王)이 무왕(武王)의 상(喪)을 벗고 선왕의 묘당(廟堂)에 나아가 참배하고 이 시를 지어 장차 무왕의 거룩한 발자취를 따라 정사를 펼 것을 신하들에게 보인 것이다. 그러므로 방락지일(訪落之日)이라고 하면 임금이 처음으로 정사를 맡은 때를 말한다.

8 명종의 소생이 없어서 조카의 처지로 왕위에 오른 선조에게는 생부모가 따로 있다. 즉 중종의 7남인 덕흥대원군과 그의 부인 정씨다.

9 명나라의 세종. 무종의 사촌동생이었다가 제위를 이어받았는데, 황제가 된 후 친부모를 추존했다.

09

백성을 편안하게 하는 방법

1 『서경』 대우모 12장. 皐陶曰: "帝德罔愆, 臨下以簡, 御衆以寬, 罰不及嗣, 賞延于世, 宥過無大, 刑故無小, 罪疑惟輕, 功疑惟重, 與其殺不辜, 寧失不經, 好生之德, 洽于民心, 玆用不犯于有司."

2 세초(歲抄)는 매년 6월과 12월에 군대의 부족한 인원을 보충하는 일 또는 이를 보고하는 것을 말한다.

3 회계(會稽)는 중국 저장성 소흥(紹興) 남동쪽에 있는 산이다. 오왕(吳王) 부차(夫差)가 월왕(越王) 구천(勾踐)을 포위한 곳이다.

4 만승지국(萬乘之國)은 전차(戰車) 1만 대를 낼 수 있는 나라라는 뜻으로, 고대 중국에서 나라의 크기를 전차를 내는 규모에 따라 일컫은 데서 나온 표현이다. 만승지국은 천자의 나라를 일컫는데, 여기서는 큰 나라라는 의미로 사용되었다.

5 정군(正軍)은 정병(正兵)의 다른 이름으로 양인 농민의 의무병종(義務兵種)이다. 본래 고려 말 유력자들이 지방의 농민들을 가려 뽑아 번상시키던 시위패에서 유래했다. 점차 나라가 안정되고 그 중요성이 줄어들면서 조선 세조 5년(1459)에 정병으로 개칭되었다.

6 보솔(保率)은 조선 시대 정병이 거느리고 있던 보인(保人)과 솔정(率丁)을 합한 말이다. 보인은 번상하는 정군의 경제적인 보조를 위해 베나 무명 등을 납부하던 자이고, 솔정은 한 가호(家戶)에 속해 있던 인정(人丁: 16~60세의 성인 남자)으로 솔거남정(率居男丁)을 가리킨다.

7 나장(羅將)은 조선 시대 병조에 속한 하급 직원이며, 나졸(羅卒)이라고도 한다. 의금부·병조·오위도총부·사헌부·사간원·평시서·전옥서 등에 배속되어, 고급 관원의 시종과 죄인의 매질·압송 등의 일을 맡았다.

8 조예(皂隸)는 조선 시대 중앙의 각 관아의 서반 경아전(京衙前)을 말한다. 하급 군관에 해당하며 경호·경비·사령 등 잡역에 종사하였다. 이들은 종친부(宗親府)·의정부·충훈부·중추원·의빈부(儀賓府)·돈령부(敦寧府)·육조·한성부·사헌부·개성부·충익부(忠翊府)·승정원·장례원(掌隸院)·경연(經筵)·성균관·훈련원·상서원

(尙瑞院)·종부시(宗簿寺) 등의 중앙 관서와 종친 및 고위 관리에 배속되어 있었으나 이들의 관리는 병조에서 총괄하였다.

9 주구(誅求)는 관청에서 백성의 재물 따위를 강제로 빼앗는 것을 말한다.

10 전가사변(全家徙邊)은 범죄자와 그 가족을 평안도와 함경도로 이주시키는 형벌이다.

11 부사(府史)는 각 관부의 장관 밑에서 물품을 관리하고 문서를 작성하는 벼슬아치를, 서도는 이서(吏胥)와 도예(徒隷)를 아울러 일컫는 말이다.

12 속포(贖布)는 조선 시대에 백성이 공납 의무를 이행하지 않거나 고역에 못 이겨 도망했을 때 이를 면하기 위해 무명을 대납하던 일을 말한다.

13 작지(作紙)는 조선 시대 부가세의 하나로, 공물을 호조(戶曹)·풍저창(豊儲倉)·광흥창(廣興倉)·군자감(軍資監) 등의 수세창고(收稅倉庫)에 들일 때 첨부하는 수수료와, 납세 때 호조에 상납하는 수수료를 이른다.

14 종모법(從母法)은 노비 소생의 자녀가 신분·역처(役處)·상전(上典)의 결정에 모계(母系)를 따르도록 한 법을 말한다.

15 정명도(程明道)의 말이다.(『근사록(近思錄)』권9,「제도(制度)」참조)

16 『주역』「계사전(繫辭傳)」의 "窮則變 變則通 通則久"의 풀이다.

10
백성을 교화하는 방법

1 교생(校生). 향교의 학생.

2 교회(敎誨). 잘 가르쳐서 지난날의 잘못을 깨우치게 하는 것.

3 연목구어(緣木求魚). 나무에 올라 물고기를 얻으려고 한다는 뜻으로, 목적과 수단이 맞지 않아 불가능한 일을 굳이 하려 함을 비유한 말이다.

4 전(殿)은 근무 평정 고과에서 최하등급을 말하고, 최(最)는 최상등급을 말한다. 전최(殿最)는 조선 시대 경외관원(京外官員)의 근무 상태를 여러 면에서 조사해 성적을 매기는 고과(考課), 또는 그렇게 하던 기준이다.

5 수선(首善)은 선행이 남보다 뛰어나 천하의 모범이 된다는 말이다.

6 원점(圓點)은 조선 시대 성균관·사학(四學)에서 행한 출석 점수다. 기숙하면서 공부하는 기재생(寄齋生)들의 거관일수(居館日數)를 확인하기 위해 시행했다. 성균관의 경우는 생원·진사를 성균관에 거재(居齋)하게 하기 위해 제정했다. 아침·저녁 두 번 식당에 들어가서 서명해야 원점 1점을 얻고, 원점 300점을 취득한 자에 한해 과거에 응시할 자격을 주었다.

7 상사생(上舍生)은 생원시와 진사시에 합격하여 성균관의 상사(上舍)에 거처하던 유생을 말한다. 상재생(上齋生)과 같은 말이다.

8 정학(正學)은 성리학을 말한다.

9 백집사(百執事)는 온갖 일을 맡아서 하는 관리이다.

10 승보시(陞補試)는 사학(四學)에서 성균관기재(成均館寄齋)로 올라가는 자격시험이다. 성균관에는 원칙적으로 200명의 생원과 진사를 유생으로 입학시키는데, 생원·진사가 200명에 미치지 못할 때에는 사학의 학생을 뽑아 결원을 보충했다. 사학 유생 가운데 15세가 되어 『소학』에 통달하면 성균관 기재의 하재(下齋)에 들어가 상재생(上齋生)인 생원·진사들과 같은 대우를 받을 수 있었다. 승보시가 향교에서는 실시되지 않고 사학에서만 실시되었던 것은 서울의 양반 관료 자제들에 대한 일종의 특혜였다고 할 수 있다.

11 석전(釋奠)은 음력 2월과 8월의 상정일(上丁日)에 문묘(文廟)에서 선성(先聖)·선사(先師)와 산천(山川)·묘사(廟社)에 올리는 제례다.

12 정시(庭試)는 조선 시대에 나라 안이나 중국에 경사가 있을 때 실시하던 특별 시험의 하나로 임금이 친림(親臨)한 가운데 행해졌다. 왜란과 호란 이후에는 그 성격이 바뀌어 강도정시(江都庭試)·호남정시(湖南庭試) 따위와 같이 특정 지역의 유생들과 성균관의 유생을 대상으로 시험을 치르거나, 호종관료(扈從官僚)들을 대상으로 실시하기도 했다. 선발 인원은 특별히 정해지지 않았으며, 문·무과로 구분하여 실시했다.

13 관시(館試)는 성균관에서 성균관에 거재(居齋)하는 유생을 대상으로 시행하던 시험이다. 합격한 사람들에게 바로 복시(覆試)에 응할 자격을 주었다.

14 자산(子産, ?~BC 552)은 춘추시대 정(鄭)나라 재상이다. 자산은 자이며, 성은 국(國), 이름은 교(僑)이다. 정나라 목공(穆公)의 후손으로 기원전 543년 내란을 진압

하고 재상이 되었다. 외교적으로 성공을 거두었고, 중국 최초의 성문법을 정하여 인습적인 귀족 정치를 배격하였으며, 농지를 정리하여 전부(田賦)를 설정, 국가 재정을 강화하였다. 또 미신 행사를 배척하는 등 합리적·인간주의적 활동을 함으로써 공자의 사상적 선구가 되었다.

15 "미구(羆裘)를 입고 위필(韋韠)을 쓰니 버려도 죄가 없고, 위필을 쓰고 미구를 입으니 버려도 탓하지 않는다(羆裘而韠, 投之無戾, 韠而羆裘, 投之無郵)."는 『여씨춘추(呂氏春秋)』에 나오는 말이다. 공자가 처음 노나라에 등용되었을 때 그의 무능을 풍자한 노래의 한 구절이다.

16 '가죽옷을 입고 모자를 쓴 분, 실로 내 집에 필요한 것을 얻게 하였네. 모자 쓰고 가죽옷을 입은 분, 나에게 은혜를 주는 데 아무런 사사로움이 없네(裘衣章甫, 實獲我所 章甫裘衣, 惠我無私).'는 『자치통감(資治通鑑)』에 나오는 말이다. 공자가 정치한 지 3년 뒤에 백성들이 그의 덕을 칭송한 노래이다.

17 혁면(革面). 『주역』의 64괘의 하나인 혁괘(革卦)의 효사 중 '大人虎變 君子豹變 小人革面'에서 나온 말이다. '소인 위에 군자가 있고 군자 위에 대인이 있다'는 뜻이다. '대인호변'은 호랑이가 여름에서 가을에 걸쳐 털을 갈고 가죽의 아름다움을 더하는 것처럼 천하를 혁신하여 세상의 폐해(弊害)가 제거되어 만물이 새로워짐을 뜻한다. '군자표변'은 표범의 털가죽이 아름답게 변해가는 것처럼 군자는 자기 잘못을 고쳐 선(善)으로 향하는 데 신속함을 말한다. '소인혁면'은 소인은 안면(顔面)을 고치고 윗사람의 새 사업에 따르도록 해야 한다는 것이다.

18 도주(陶鑄). 옹기장이가 질그릇을 만들고 대장장이가 쇠를 녹여 그릇을 만드는 것으로, 인재를 키워 단련시킨다는 말이다.

19 빈흥(賓興)은 주나라의 인재 등용 방식이다. 『주례』「소학입교(小學入敎)」에서 '향삼물(鄕三物)로 만민을 가르쳐 빈례(賓禮)한다'라고 하였다. 향삼물은 지방에서 교육받아 삼물, 곧 육덕(六德), 육행(六行), 육례(六藝)가 뛰어난 자를 의미하고, 빈흥은 이들을 국학으로 천거하여 수도로 올려 보내는 제도이다.

20 삼청전(三淸殿)은 조선 시대 도교의 삼청성신(三淸星辰)에 대한 초제(醮祭)를 관장하던 소격서(昭格署)의 신전이다. 삼청은 도교에서 말하는 하늘 위의 별들의 세계로 옥청(玉淸)·상청(上淸)·태청(太淸)을 아울러 이르는 말이다.

11

정명(正名)이 정치의 근본

1 을사사화의 주동자인 윤원형 등의 처벌이 제대로 이루어지지 않았다는 뜻이다.

2 임백령(林百齡, ?~1546)은 명종 때의 문신으로, 자는 인순(仁順), 호는 괴마(槐馬)
이다. 을사사화를 일으켰다.

3 허자(許磁, 1496~1551)는 중종·명종 때의 문신으로 자는 남중(南仲)이다.

4 나직법(羅織法)은 죄 없는 사람을 잡아 무고하게 죄를 뒤집어씌우는 법이다.

5 삼이(參夷). 한 사람이 저지른 죄로 삼족(三族)을 멸하는 법이다.

6 위사공신(衛社功臣)은 명종 1년(1546) 을사사화 때 공을 세운 사람에게 내린 칭호
또는 그 칭호를 받은 사람을 일컫는다. 명종 즉위년 8월 윤원형과 결탁한 지중추부
사 정순붕, 병조판서 이기, 호조판서 임백령, 공조판서 허자 등이 좌의정 유관, 이
조판서 유인숙, 형조판서 윤임 등을 반역죄로 몰아 사사한 뒤, 이에 공을 세운 위
의 4명과 입시했던 상신·추관·내신 등 29인을 보익공신(保翼功臣)으로 책봉하였
다. 며칠 뒤 경기관찰사 김명윤이 계림군(桂林君) 유(瑠)가 윤임 일파의 음모에 관
련되었다고 무고하여 유를 비롯한 많은 사림파가 화를 입었다. 얼마 뒤 공신의 칭
호는 위사공신으로 고쳐졌고 공신 등급도 재조정되었다. 이 위사공신은 전권을 장
악한 소윤 일파가 상대 세력을 제거하고 논공한 논공행상적인 성격을 지닌 것이다.
친척·인척 등에 대해 허위 사실을 기록하기도 하고 무고에 가담한 인물이 많이 포
함되어 있어 사림파의 비난을 받아오다 선조 10년(1577)에 모두 삭훈되었다.

7 곽공(郭公)은 춘추시대의 군주로 인재를 제대로 등용하지 못해 나라를 망쳤다. 제
(齊) 환공(桓公)이 놀러 나갔다가 노인과 그 지방의 역사를 문답하다가 곽공이 인재
를 쓰지 못하고, 악인도 내치지 못해서 나라를 망쳤다는 얘기를 듣는 대목에서 인
용한 것이다.

8 『논어』「자로(子路)」편 3장에서 인용하였다.

9 『중용』전(傳) 19장에서 인용하였다.

원전류

『栗谷全書』(韓國文集叢刊 44-45), 『國譯 栗谷全書』(韓國精神文化研究院)
『性理大全』(보경문화사 영인본)

참고논저

金恒洙, 1992 「宣祖 初年의 新舊葛藤과 政局動向」『國史館論叢』34

지두환, 1993 「朝鮮前期 『大學衍義』 이해과정」『泰東古典研究』10

鄭在薰, 1998 「朝鮮前期 『大學』의 이해와 聖學論」『震檀學報』86

鄭在薰, 1999 「明宗·宣祖년간의 經筵」『朝鮮時代史學報』10

鄭在薰, 1999 「『聖學輯要』를 통해본 朝鮮中期의 政治思想-『大學衍義』와의 비교를 중
    심으로-」『奎章閣』22

오수창, 1999 「조선 시대 지방 이서층 급료문제의 역사적 맥락 -일본 전근대 대민행
    정과의 비 교-」『역사와 현실』32

黃宗義 著 ; 김덕균 옮김, 2000 『명이대방록(明夷待訪錄)』, 한길사

정재훈, 2003, 「선조(宣祖)」『63인의 역사학자가 쓴 한국사인물열전』2

鄭在薰, 2004 「조선중기의 經筵과 帝王學」『歷史學報』184

鄭在薰, 2005 「조선중기 李珥學派의 형성」『역사문화논총』창간호

鄭在薰, 2005 『조선전기 유교정치사상 연구』 태학사

李珥 저, 안외순 옮김, 2005 『동호문답』 책세상

미조구찌 유조저/김용천 옮김, 2007 『중국 전근대 사상의 굴절과 전개』, 동과서

鄭在薰, 2008 「조선 전기의 유가 법사상」 『韓國儒學思想大系Ⅷ-法思想編』 한국국학진
　　　흥원

이정철, 2010 『대동법, 조선 최고의 개혁』, 역사비평사

신해순, 2010 「17세기 전후 동반 소속 하급 京衙前制度의 변화-書吏를 중심으로-」
　　　『한국사학 보』 40

鄭在薰, 2012 「율곡 이이의 정치사상 재론」 『역사문화논총』 7

지은이

이이(李珥, 1536~1584)

조선 중기의 대표적인 학자이자 문신(文臣) 관료다. 강릉에서 태어났으며 본관은 덕수 (德水). 자는 숙헌(叔獻), 호는 율곡(栗谷)·석담(石潭)·우재(愚齋)다. 아버지는 증좌찬 성 이원수(李元秀), 어머니는 현모양처의 사표로 추앙받는 사임당 신씨(師任堂 申氏)다. 아홉 차례나 장원할 정도로 월등한 실력으로 과거에 합격하여 호조판서, 병조판서, 이 조판서 등을 두루 거치기도 했다. 그러나 그의 진면목은 조선 중기에 새로운 이데올로 기로서의 성리학을 제시한 것이다. 이황에 의해 정리된 성리학은 이이에 의해 조선적인 이해의 토대를 마련했고, 그 기초 위에 새로운 이론을 더하게 되었다. 그 과정에서『동 호문답(東湖問答)』,『성학집요(聖學輯要)』를 저술하여 조선적 제왕학을 제시했다. 그의 이론적 근거에 따라 이후 붕당정치가 가능하게 되었다.

저술로는『성학집요(聖學輯要)』,『동호문답(東湖問答)』,『경연일기(經筵日記)』,『천도 책(天道策)』,『역수책(易數策)』,『문식책(文式策)』,『격몽요결(擊蒙要訣)』,『만언봉사 (萬言封事)』,『학교모범(學校模範)』,『육조계(六條啓)』,『시폐칠조책(時弊七條策)』,『답 성호원서(答成浩原書)』등이 있으며, '고산구곡가(高山九曲歌)' 등의 문학 작품도 전해 진다. 그의 저술들은 광해군 3년(1611) 박여룡(朴汝龍)과 성혼(成渾) 등이 간행한『율곡 문집(栗谷文集)』과 영조 18년(1742)에 이재(李縡)와 이진오(李鎭五) 등이 편찬한『율곡 전서(栗谷全書)』에 실려 전해진다.

역해자

정재훈

서울대학교 국사학과에서 학사, 석사, 박사과정을 마쳤다. 조선 전기에『대학』을 중심 으로 유교 정치사상이 어떻게 이해, 수용되고 자기화하였는지를 검토하여 〈조선 전기 유교 정치사상 연구〉로 박사학위를 받았다. 조선의 사상과 문화의 정체성과 특성, 동아 시아에서의 위상 등에 관심이 많다. 현재는 경북대학교 사학과 교수로 활동하면서 조 선의 국왕(國王), 연행(燕行) 등에 관한 연구를 진행하고 있다. 지은 책으로는『조선 전 기 유교 정치사상 연구』,『조선시대의 학파와 사상』,『조선의 국왕과 의례』와 다수의 공 저,『용헌집』,『동사』등의 번역서,「18세기 연행과 정조(正祖)」등 다수의 논문이 있다.

동호문답

조선의 군주론, 왕도정치를 말하다

1판 1쇄 펴냄 | 2014년 9월 25일
1판 3쇄 펴냄 | 2022년 10월 10일

지은이 | 이　이
역해자 | 정재훈
펴낸이 | 김정호
펴낸곳 | 아카넷

출판등록 2000년 1월 24일(제406-2000-000012호)
413-120 경기도 파주시 회동길 445-3
전화 031-955-9510(편집)·031-955-9514(주문) | 팩시밀리 031-955-9519
www.acanet.co.kr

ⓒ 정재훈, 2014

Printed in Paju, Korea.

ISBN 978-89-5733-387-7 94910
ISBN 978-89-5733-230-6 (세트)